नागार्जुन

जन्म : सन् 1911 में ज्येष्ठ पूर्णिमा के दिन; ग्राम तरौनी, जिला दरभंगा, बिहार में।

परंपरागत प्राचीन पद्धति से संस्कृत की शिक्षा।

सुविख्यात प्रगतिशील कवि–कथाकार। हिन्दी, मैथिली, संस्कृत और बांग्ला में काव्य–रचना। पूरा नाम वैद्यनाथ मिश्र 'यात्री'। मातृभाषा मैथिली में 'यात्री' नाम से ही लेखन। शिक्षा–समाप्ति के बाद घुमक्कड़ी का निर्णय। गृहस्थ होकर भी रमते–राम। स्वभाव से आवेगशील, जीवंत और फक्कड़। राजनीति और जनता के मुक्ति–संघर्षों में सक्रिय और रचनात्मक हिस्सेदारी। मैथिली काव्य–संग्रह 'पत्रहीन नग्न गाछ' के लिए 'साहित्य अकादेमी पुरस्कार'। उत्तर प्रदेश हिन्दी संस्थान और मध्य प्रदेश तथा बिहार के 'शिखर सम्मान' सहित कई पुरस्कारों से सम्मानित।

प्रमुख प्रकाशित पुस्तकें : रतिनाथ की चाची, दुखमोचन, बलचनमा, वरुण के बेटे, नई पौध आदि (उपन्यास); युगधारा, सतरंगे पंखोंवाली, प्यासी पथराई आँखें, तालाब की मछलियाँ, चंदना, खिचड़ी विप्लव देखा हमने, तुमने कहा था, पुरानी जूतियों का कोरस, हजार–हजार बाँहोंवाली, पका है यह कटहल, अपने खेत में, मैं मिलिटरी का बूढ़ा घोड़ा (कविता–संग्रह); भस्मांकुर, भूमिजा (खंडकाव्य); चित्रा, पत्रहीन नग्न गाछ (हिन्दी में भी अनूदित मैथिली कविता–संग्रह); पारो (मैथिली उपन्यास); धर्मलोक शतकम् (संस्कृत काव्य) तथा संस्कृत से कुछ अनूदित कृतियाँ।

निधन : 5 नवम्बर, 1998

प्रतिनिधि कविताएँ

नागार्जुन

सम्पादक
डॉ. नामवर सिंह

राजकमल पेपरबैक्स

राजकमल पेपरबैक्स में
पहला संस्करण : 1984
तीसवाँ संस्करण : 2024

राजकमल पेपरबैक्स : उत्कृष्ट साहित्य के जनसुलभ संस्करण

राजकमल प्रकाशन प्रा.लि.
1-बी, नेताजी सुभाष मार्ग, दरियागंज
नई दिल्ली-110 002
द्वारा प्रकाशित

शाखाएँ : अशोक राजपथ, साइंस कॉलेज के सामने, पटना-800 006
पहली मंजिल, दरबारी बिल्डिंग, महात्मा गांधी मार्ग, प्रयागराज-211 001
1, अनमोल सोराबजी संतुक लेन, धोबी तलाव, मरीन लाइंस, मुम्बई-400 002
वेबसाइट : www.rajkamalprakashan.com
ई-मेल : info@rajkamalprakashan.com

बी.के. ऑफसेट
नवीन शाहदरा, दिल्ली-110 032
द्वारा मुद्रित

मूल्य : ₹ 199

PRATINIDHI KAVITAYEN
Representative Poems of Nagarjun
Edited by Dr. Namwar Singh

ISBN : 978-81-267-0604-4

भूमिका

नागार्जुन की कविताओं का चयन जितना जरूरी है उतना ही मुश्किल भी। उनकी काव्यभूमि विपुल है और विषम भी। विषम इतनी कि इस ऊँची-नीची भूमि में समतल की अभ्यस्त आँखें अक्सर धोखा खा जाती हैं। ऊपर-ऊपर से देखने पर जो अत्यंत सपाट वर्णन है वह भी अपने समूचे असर में इतना कवित्वपूर्ण होता है कि काव्यत्व की किसी एक जगह पर उँगली रखना कठिन हैं। उदाहरण के लिए एक कविता है 'नेवला'। कविता काफी लंबी है। जेल का वातावरण। कैदियों के लिए नेवले के बच्चे की छोटी-से-छोटी हरकत भी महत्त्वपूर्ण है। नागार्जुन उसका ब्यौरेवार वर्णन करते हैं रस ले-लेकर। ताज़ा गोश्त का टुकड़ा सुतरी में टँगा है और नेवला बार-बार छलाँग रहा है और गुस्से से चीख रहा है—किर्र··· किर्र··· किर्र। अब कोई पूछ सकता है कि इसमें कविता कहाँ है! नेवला अंततः नेवला ही रहता है, कोई प्रतीक नहीं बनता; फिर भी जेल की ऊब और अमानवीय वातावरण में उस छोटे-से प्राणी का क्रीड़ा-कलाप कुछ ऐसा मानवीय प्रभाव पैदा करता है कि उसे कविता के अलावा और कोई नाम देना असंभव है। इसी तरह एक और कविता है 'लालू साहू', जिसमें 63 वर्षीय लालू 60 वर्षीया पत्नी की चिता में अपने को डालकर 'सती' हो गया। इस अनहोनी घटना में ही शायद वह कवित्व है, जिस पर नागार्जुन की दृष्टि गई, वरना स्वयं उसके वर्णन में न कहीं भावुकता है, न किसी तरह की कविताई ही। कवित्व की इसी कोटि में मैथिली की 'जोड़ा मंदिर' शीर्षक कविता भी आती है, जिसमें बेटा अपने बूढ़े माँ-बाप के मरने पर खेत में दोनों की याद में 'जोड़ा मंदिर' बनवा देता है।

जो वस्तु औरों की संवेदना को अछूती छोड़ जाती है वही नागार्जुन के कवित्व की रचना-भूमि है। इस दृष्टि से काव्यात्मक साहस में नागार्जुन अप्रतिम हैं। उन्हीं की बीहड़ प्रतिभा एक मादा सूअर पर 'पैने दाँतोंवाली'

कविता रच सकती थी, जिसमें "जमना किनारे/मखमली दूबों पर/पूस की गुनगुनी धूप में/पसर कर लेटी है/भरे पूरे बारह थनोंवाली/छौनों को पिला रही है दूध।" नागार्जुन अपने खास अंदाज़ में कहते हैं : 'यह भी तो मादरे हिंद की बेटी है।'

इसी तरह 'कटहल' भी कविता का कोई विषय है ? लेकिन नागार्जुन हैं कि पके हुए कटहल को देखकर पिहक उठते हैं : "अह्, क्या खूब पका है यह कटहल/अह, कितना बड़ा है यह कटहल/अह, कैसा मह-मह करता है यह कटहल/अह, किस तरह पड़ा है चारो खाने चित्त !"

यही कटहल उनकी एक अन्य कविता में अनूठे उपमान के रूप में इस तरह आया है : "दरिद्रता कटहल के छिलके जैसी जीभ से मेरा लहू चाटती आई।" यह 'कटहल के छिलके जैसी जीभ' नागार्जुन की ही बीहड़ कल्पना में आ सकती थी।

नागार्जुन की यही कल्पना रिक्शा खींचनेवाले, फटी बिवाइयोंवाले, गुट्ठल घट्ठोंवाले, कुलिश कठोर खुरदरे पैरों के चित्र भी आँकती है और उसकी पीठ पर फटी बनियाइन के नीचे "क्षार-अम्ल, विगलनकारी, दाहक पसीने का गुण धर्म" भी बतलाती है। मनुष्य के ये वे रूप हैं जो नागार्जुन न होते तो हिंदी कविता में शायद ही आ आ पाते।

इसी तरह यथार्थ के वे रूप जिन्हें शिष्ट और सुरुचिपूर्ण कवि वीभत्स समझकर छोड़ देना ही उचित समझते हैं, नागार्जुन की साहसिक कल्पना से काव्य का रूप प्राप्त करते हैं। "प्रभु, तुम कर दो वमन। होगा मेरी क्षुधा का शमन।" जैसी पंक्तियाँ लिखने का साहस नागार्जुन ही कर सकते थे। इसी प्रकार ग्राम्य, अश्लील और भदेस कहलाने का खतरा उठाकर भी वे "फैल गया है दिव्य मूत्र का लवण-सरोवर" तथा "एक दूसरे का गुह्य अंग सूँघ रहे हैं" जैसी पंक्तियों के द्वारा आज की कुत्सा को मूर्तिमान करने का साहस रखते हैं। वैसे संस्कृत काव्यशास्त्र में नौ रसों के अंतर्गत वीभत्स की भी गणना की गई है और खानापूरी के लिए थोड़ी-बहुत वीभत्स रस की रचनाएँ भी हुई हैं किंतु नागार्जुन पहले कवि हैं जिन्होंने सामाजिक-राजनीतिक संदर्भ में वीभत्स को एक नई शक्ति प्रदान की है।

नागार्जुन की इसी साहसिक प्रतिभा की अमर सृष्टि है 'मंत्र कविता', जो कलात्मक प्रयोग में भी अप्रतिम है। यदि निराला की 'कुकुरमुत्ता' सन् '40 की मन:स्थिति की ऐतिहासिक दस्तावेज़ है तो सन '69 की मन:स्थिति को सशक्त वाणी नागार्जुन की 'मंत्र कविता' में ही मिली। विडंबना यह कि 'ओं हमेशा

हमेशा करेगा राज मेरा पोता'—यह उक्ति जैसे भविष्यवाणी की तरह सच होने को आ गई !

किंतु इसका यह अर्थ नहीं कि नागार्जुन असाधारण के औघड़ कवि हैं। उनकी कविता का संसार वस्तुतः वह लोक सामान्य जीवन ही है, जिसे अति सामान्य समझकर अन्य कवि आँखें मूँद लेते हैं। यदि आज की कविता में 'दंतुरित मुस्कान', 'सिंदूर तिलकित भाल' और एक बस के ड्राइवर के सामने उसकी बच्ची द्वारा टाँगी गई 'गुलाबी चूड़ियाँ' देखनी हों तो नागार्जुन की कविता की दुनिया में ही जाना होगा। वे जिस ललक से "निशा शेष ओस की बूँदियों से लदी अगहनी धान की दुद्धी मंजरियाँ" देखते हैं और हुलसकर कहते हैं कि "सिके हुए दो भुट्टे सामने आये, तबीयत खिल गई।" वह अपने गँवई प्राकृतिक परिवेश के साथ मनुष्य के लगाव की उस अनुभूति का व्यंजक है जो आज दुर्लभ है।

नागार्जुन के काव्य-संसार का एक बहुत बड़ा भाग अनूठे प्रकृति-चित्रों से सजा है, जिनसे कवि की गहरी ऐंद्रियता और सूक्ष्म सौंदर्य-दृष्टि का एहसास होता है। वर्षा और बादलों पर इतनी अधिक कविताएँ निराला के बाद नागार्जुन ने हीं लिखी हैं। एक ओर यदि यात्री के रूप में उन्होंने "अमल धवल गिरि के शिखरों पर बादल को घिरते देखा है" तो दूसरी ओर किसान की तरह "धिन धिन धा धमक धमक मेघ बजे" का गीत भी मस्त होकर गाया है। वस्तुतः वर्षागम के अवसर पर ऋतु-संधि का सहज बोध नागार्जुन को एक किसान की तरह होता है और कविता में उनके पूर्वसंचित संस्कार उसी सहजता के साथ फूट पड़ते हैं। इसी प्रसंग में उनकी जुगनुओं पर लिखी हुई कविता याद की जा सकती है : "गीली भादों, रैन अमावस··· कैसे ये नीलम उजास के/अच्छत छींट रहे जंगल में।"

अपनी मातृभाषा मैथिली में नागार्जुन ने वर्षा पर एक अद्भुत गीत लिखा है जो पदावली में विद्यापति की याद दिलाने के साथ ही ठेठ नागार्जुनपन को बड़ी खूबी से उजागर करता है। टेक है : श्याम घटा, सित बीजुरि रेह। गोया विद्यापति की पंक्ति हो। इसके बाद आते हैं स्वयं नागार्जुन :

फाँक इजोतक तिमिरक थार
निविड़ विपन अति पातर धार
दारिद उर लछमी जनु हार
लोहक चादरि चानिक तार।

तिमिर के थाल में ज्योति की फाँक। निविड़ विपिन में पतली-सी धारा।

दरिद्रता के गले में मानो लक्ष्मी का हार। लोहे की चादर पर चाँदी का तार। यह है श्याम घटा में उजली बिजली की रेखा।

प्रकृति की तरह ही नारी-सौंदर्य को भी नागार्जुन उसी खुली दृष्टि से देखते हैं और वैसे ही अकुंठ भाव से उसका वर्णन भी करते हैं। मैथिली की ही एक कविता है ''एक फाँक आँख, एक फाँक नाक'' जिसमें पल-भर के लिए खिड़की से गोरे गोल मुखचंद्र का अर्धांश दिख जाने के बाद कवि कहता है : ''कितनी देर तक रही नाचती कपाल के भीतर की कटोरी में/धारण किए क्रमशः तकली का रूप/एक फाँक आँख/एक फाँक नाक''। इसके अतिरिक्त 'तन गई रीढ़' और 'यह तुम थीं' जैसी कुछ कविताएँ भी हैं जहाँ किसी स्त्री के दरस-परस से उत्पन्न होनेवाली अनिर्वचनीय अनुभूति को शब्दों में साकार किया गया है।

नागार्जुन ने अपने बारे में भी कई कविताएँ लिखी हैं। ये ऐसी कविताएँ हैं जिनमें कवि ने पारदर्शी ईमानदारी के साथ अपनी दुर्बलताओं, अपने संदेहों, अपनी व्यथा और अपनी निष्ठा को वाणी दी है। इस दृष्टि से 'खिचड़ी विप्लव देखा हमने' कविता संग्रह की 'इन सलाखों से टिकाकर भाल', 'थकित-चकित-भ्रमित-भग्न मन' और 'प्रतिबद्ध हूँ' शीर्षक तीन कविताएँ विशेष रूप से उल्लेखनीय हैं। जब कवि जेल की सलाखों से भाल टिकाकर सोचता है तो उसे तुरंत याद आता है कि इससे जाने किस-किसकी दाल गलेगी। इसी प्रकार जब मन थकित-चकित-भ्रमित-भग्न होता है तो उसे आशंका होती है; ''तो क्या मुझे भी बुढ़ापे में 'पुष्टई' के लिए/वापस नहीं जाना है किसी मठ के अंदर?'' इस क्रम में सबसे दिलचस्प है अपनी प्रतिबद्धता की घोषणा। नागार्जुन प्रतिबद्ध ही नहीं हैं, संबद्ध भी हैं और आबद्ध भी। प्रतिबद्ध हैं अपने आपको भी 'व्यामोह' से बारंबार उबारने की खातिर। संबद्ध हैं ''सबसे और किसी से नहीं और न जाने किस-किससे।'' आबद्ध हैं ''स्वजन-परिजन के प्यार की डोर में, बहुरूपा कल्पना रानी के आलिंगनपाश में, तीसरी-चौथी पीढ़ी के दंतुरित शिशु सुलभ हास में।'' कहने की आवश्यकता नहीं कि नागार्जुन के ये विचार आचार से पुष्ट हैं, इसीलिए इनमें सच्चाई की ताकत है।

किंतु नागार्जुन की सबसे अधिक मोहक और आत्मीय कविताएँ वे हैं जिनमें वे स्वयं अपने ऊपर हँसते हैं और कहते हैं—''यह बनमानुष/यह सत्तर साला उजबक/उमंग में भरकर सिर के बाल/नोचने लग जाता है/अकेले में बजाने लगता है सीटियाँ/आए दिन।''

जो कवि अपने प्रति इतना निर्मम है उसे दूसरों के प्रति भी निर्मम होने का पूरा अधिकार है और कहने की आवश्यकता नहीं कि नागार्जुन इसी अधिकार के

साथ आज की व्यवस्था पर प्रहार करते हैं । इस प्रहार में धार वहाँ आती है जहाँ आवेश संयत होकर व्यंग्य का रूप लेता है और ''कत्थई दाँतों की मोटी मुस्कान बेतरतीब मूँछों की थिरकन'' बन जाती है । जब वे देखते हैं कि कांग्रेसी नेता ''दिल्ली से लौटे हैं कल टिकट मार के/खिले हैं दाँत ज्यों दाने अनार के'' तो नागार्जुन 'आए दिन बहार के' गाते हुए नाचने लगते हैं । इसी तरह भारत में ब्रिटेन की रानी के आने पर स्वागत की धूम-धाम देखकर नागार्जुन ने गाया—''आओ रानी, हम ढोएँगे पालकी/यही हुई है राय जवाहरलाल की ।'' एक जगह नौटंकी के गीत की और दूसरी जगह लोकगीत की छौंक लगाकर नागार्जुन ने व्यंग्य को अनूठी धार दे दी है ।

व्यंग्य की इस विदग्धता ने ही नागार्जुन की अनेक तात्कालिक कविताओं को कालजयी बना दिया है, जिसके कारण वे कभी बासी नहीं हुईं और अब भी तात्कालिक बनी हुई हैं । अन्य कवियों की तात्कालिक कविताओं से नागार्जुन की तथाकथित तात्कालिक कविताओं की यही विशेषता है । इसलिए यह निर्विवाद है कि कबीर के बाद हिंदी कविता में नागार्जुन से बड़ा व्यंग्यकार अभी तक कोई नहीं हुआ । नागार्जुन के काव्य में व्यक्तियों के इतने व्यंग्यचित्र हैं कि उनका एक विशाल अलबम तैयार किया जा सकता है ।

नागार्जुन की गिनती न तो प्रयोगशील कवियों के संदर्भ में होती है, न नई कविता के प्रसंग में; फिर भी कविता में रूप संबंधी जितने प्रयोग अकेले नागार्जुन ने किए हैं, उतने शायद ही किसी ने किए हों । कविता की उठान तो कोई नागार्जुन से सीखे और नाटकीयता में तो वे जैसे लाजवाब ही हैं । जैसी सिद्धि छंदों में, वैसा ही अधिकार बेछंद या मुक्तछंद की कविता पर । उनके बात करने के हजार ढंग हैं । और भाषा में भी बोली के ठेठ शब्दों से लेकर संस्कृत की संस्कारी पदावली तक इतने स्तर हैं कि कोई भी अभिभूत हो सकता है । तुलसीदास और निराला के बाद कविता में हिंदी भाषा की विविधता और समृद्धि का ऐसा सर्जनात्मक संयोग नागार्जुन में ही दिखाई पड़ता है । वैसे, नागार्जुन में ऊबड़-खाबड़पन भी कम नहीं है और इसके कारण कवि-कोविदों के बीच उन्हें प्रतिष्ठा प्राप्त होने में भी विलंब हुआ, किंतु भाव स्थिर होने और सुर सध जाने पर ऐसी ढली-ढलाई कविता निकली है कि बड़े-से-बड़े कवि को भी ईर्ष्या हो । कहना न होगा कि नागार्जुन में ऐसी कलापूर्ण कविताएँ काफी हैं ।

नागार्जुन की इन कविताओं की विशेषता यह है कि ये कलात्मक होने के साथ ही लोकप्रिय भी हैं और जैसा कि डॉ. रामविलास शर्मा ने कहा है, ''नागार्जुन ने लोकप्रियता और कलात्मक सौंदर्य के संतुलन और सामंजस्य की

समस्या को जितनी सफलता से हल किया है, उतनी सफलता से बहुत कम कवि—हिंदी से भिन्न भाषाओं में भी—हल कर पाए हैं ।" इस बात में तनिक भी अतिशयोक्ति नहीं है कि तुलसीदास के बाद नागार्जुन अकेले ऐसे कवि हैं जिनकी कविता की पहुँच किसानों की चौपाल से लेकर काव्यरसिकों की गोष्ठी तक है ।

नागार्जुन सच्चे अर्थों में स्वाधीन भारत के प्रतिनिधि जन-कवि हैं ।

नागार्जुन ने हिंदी और मैथिली के अलावा संस्कृत और बंगला में भी काफी कविताएँ लिखी हैं; किंतु यहाँ उनकी सिर्फ हिंदी और मैथिली कविताओं से ही चयन किया गया है । मैथिली के काव्य-संकलन 'पत्रहीन नग्न गाछ' से कुल 12 कविताएँ ली गई हैं और उनमें भी मूल मैथिली में सिर्फ दो गीत ही हैं, शेष के श्री सोमदेव कृत प्रमाणित हिंदी अनुवाद ही दिए गए हैं । हिंदी कविताओं का चयन करते समय यह ध्यान रखा गया है कि कोई प्रकाशित काव्य-संकलन छूटने न पाए । इसके अतिरिक्त कुछ कविताएँ कवि की डायरी से भी ली गई हैं जो अभी तक अप्रकाशित हैं पर ऐसी कविताएँ दस से अधिक नहीं हैं । कुल मिलाकर भरसक कोशिश यही रही है कि कवि की काव्य-प्रतिभा का अधिक-से-अधिक प्रतिनिधित्व हो जाए । कविताओं का क्रम कालानुसारी न होकर विषयानुसारी है जो सुधी पाठकों से अनदेखा न जाएगा । फिर भी सुविधा के लिए प्रत्येक रचना के नीचे उसका रचना-काल दे दिया गया है । कविताओं के चयन की पूरी जिम्मेदारी संकलनकर्त्ता की है, फिर भी अंतिम संचयन स्वयं कवि को दिखलाकर उसकी मुहर लगवा ली गई है ।

15.12..84

नामवर सिंह

क्रम

प्रतिबद्ध हूँ

प्रतिबद्ध हूँ
संबद्ध हूँ
आबद्ध हूँ

प्रतिबद्ध हूँ, जी हाँ, प्रतिबद्ध हूँ–
बहुजन समाज की अनुपल प्रगति के निमित्त–
संकुचित 'स्व' की आपाधापी के निषेधार्थ...
अविवेकी भीड़ की 'भेड़िया-धसान' के खिलाफ़...
अंध-बधिर 'व्यक्तियों' को सही राह बतलाने के लिए...
अपने आप को भी 'व्यामोह' से बारंबार उबारने की खातिर...
प्रतिबद्ध हूँ, जी हाँ, शतधा प्रतिबद्ध हूँ!

संबद्ध हूँ, जी हाँ, संबद्ध हूँ–
सचर-अचर सृष्टि से...
शीत से, ताप से, धूप से, ओस से, हिमपात से...
राग से, द्वेष से, क्रोध से, घृणा से, हर्ष से, शोक से, उमंग से,
आक्रोश से...
निश्चय-अनिश्चय से, संशय, भ्रम से, क्रम से, व्यतिक्रम से...
निष्ठा-अनिष्ठा से, आस्था-अनास्था से, संकल्प-विकल्प से...
जीवन से, मृत्यु से, नाश-निर्माण से, शाप-वरदान से...
उत्थान से, पतन से, प्रकाश से, तिमिर से...
दंभ से, मान से, अणु से, महान से...

लघु-लघुतर-लघुतम से, महा-महाविशाल से···
पल-अनुपल से, काल-महाकाल से···
पृथ्वी-पाताल से, ग्रह-उपग्रह से, नीहारिका-जल से···
रिक्त से, शून्य से, व्याप्ति-अव्याप्ति-महाव्याप्ति से···
अथ से, इति से, अस्ति से, नास्ति से···
सबसे और किसी से नहीं
और जाने किस-किस से···
संबद्ध हूँ, जी हाँ, शतधा संबद्ध हूँ।
रूप-रस-गंध और स्पर्श से, शब्द से···
नाद से, ध्वनि से, स्वर से, इंगित-आकृति से···
सच से, झूठ से, दोनों की मिलावट से···
विधि से, निषेध से, पुण्य से, पाप से···
उज्ज्वल से, मलिन से, लाभ से, हानि से···
गति से, अगति से, प्रगति से, दुर्गति से···
यश से, कलंक से, नाम-दुर्नाम से···
संबद्ध हूँ, जी हाँ, शतधा संबद्ध हूँ!

आबद्ध हूँ, जी हाँ, आबद्ध हूँ–
स्वजन-परिजन के प्यार की डोर में···
प्रियजन के पलकों की कोर में···
सपनीली रातों के भोर में···
बहुरूपा कल्पना रानी के आलिंगन-पाश में···
तीसरी-चौथी पीढ़ियों के दंतुरित शिशु-सुलभ हास में···
लाख-लाख मुखड़ों के तरुण हुलास में···
आबद्ध हूँ, जी हाँ, शतधा आबद्ध हूँ!

1975

पछाड़ दिया मेरे आस्तिक ने

शुरू-शुरू कातिक में
निशा शेष ओस की बूँदियों से लदी हैं
अगहनी धान की दुद्धी मंजरियाँ
पाकर परस प्रभाती किरणों का
मुखर हो उठेगा इनका अभिराम रूप···
टहलने निकला हूँ 'परमान' के किनारे-किनारे
बढ़ता जा रहा हूँ खेत की मेड़ों पर से, आगे
वापस मिला है अपना वह बचपन
कई युगों के बाद आज
करेगा मेरा स्वागत
शरद् का बाल रवि···
चमकता रहेगा घड़ी-आधी घड़ी
पूर्वांचल प्रवाही 'परमान' की
द्रुत-विलंबित लहरों पर
और मेरे ये अनावृत चरण युगल
करते रहेंगे चहल-क़दमी
सैकत पुलिन पर

छोड़ते जाएँगे सादी-हलकी छाप···
और फिर आएगी, हँसी मुझे अपने आप पर
उतर पड़ूँगा तत्क्षण पंकिल कछार में
बुलाएँगे अपनी ओर भारी खुरों के निशान
झुक जाएगा यह मस्तक अनायास
दुधारू भैंसों की याद में···

यह लो, दूर कहीं शीशम की झुरमुट से
उड़ता आया है नीलकंठ
गुज़र जाएगा ऊपर-ही-ऊपर

कहाँ जाकर बैठेगा ?
इधर पीछे जवान पाकड़ की फुनगी पर ?
या कि, उस बूढ़े पीपल की बदरंग डाल पर ?
या कि, उड़ता ही जाएगा
पहुँचेगा विष्णुपुर के बीचोंबीच
मंदिर की अँगनई में मौलसिरी की
सघन पत्तियों वाली टहनियों की ओट में
हो जाएगा अदृश्य, करेगा वहीं आराम !
जाने भी दो,
आओ तुम मेरे साथ रत्नेश्वर
देखेंगे आज जी भरकर
उगते सूरज का अरुण-अरुण पूर्ण-बिंब
जाने कब से नहीं देखा था शिशु भास्कर
आओ रत्नेश्वर, कृतार्थ हों हमारे नेत्र !
देखना भई, जल्दी न करना
लौटना तो है ही
मगर यह कहाँ दिखता है रोज़-रोज़
सोते ही बिता देता हूँ शत-शत प्रभात
छूट-सा गया है जनपदों का स्पर्श
(हाय रे आंचलिक कथाकार !)
आज मगर उगते सूरज को
देर तक देखेंगे, जी भर कर देखेंगे
करेंगे अर्पित बहते जल का अर्घ
गुनगुनाएँगे गद्गद होकर—
''ओं नमो भगवते भुवन-भास्कराय
''ओं नमो ज्योतिरीश्वराय
''ओं नमो सूर्याय सवित्रे···।''
देखना भई रत्नेश्वर, जल्दी न करना !
लौटेंगे इत्मीनान से
पछाड़ दिया है आज मेरे आस्तिक ने मेरे
नास्तिक को
साक्षी रहा तुम्हारे जैसा नौजवान 'पोस्ट-ग्रेजुएट'

मेरे इस 'डेविएशन' का!
नहीं ? मैं झूठ कहता हूँ!
मुकर जाऊँ शायद कभी···
कहाँ ! मैंने तो कभी झुकाया नहीं था यह
मस्तक !
कहाँ ! मैंने तो कभी दिया नहीं था अर्घ
सूर्य को !
तो तुम रत्नेश्वर, मुसकुरा भर देना मेरी
मिथ्या पर···

1964

कल्पना के पुत्र हे भगवान

कल्पना के पुत्र हे भगवान
चाहिए मुझको नहीं वरदान
दे सको तो दो मुझे अभिशाप
प्रिय मुझे है जलन, प्रिय संताप
चाहिए मुझको नहीं यह शांति
चाहिए संदेह, उलझन, भ्रांति
रहूँ मैं दिन-रात ही बेचैन
आग बरसाते रहें ये नैन
करूँ मैं उद्दंडता के काम
लूँ न भ्रम से भी तुम्हारा नाम
करूँ जो कुछ, सो निडर, निश्शंक
हो नहीं यमदूत का आतंक
घोर अपराधी-सदृश हो नत बदन निर्वाक
बाप-दादों की तरह रगड़ूँ न मैं निज नाक—
मंदिरों की देहली पर पकड़ दोनों कान
हे हमारी कल्पना के पुत्र, हे भगवान,

युगों से आराधना की, आ गए अब तंग
—झाल और मृदंग
शंख करता आ रहा था युगों से आक्रंद
तुम न पिघले, पड़ गई आवाज उसकी मंद
न अब तक सुलझे तुम्हारे बाल
थक गईं लाखों उँगलियाँ, हो गया अतिकाल
अँधेरे में रहे लोग टटोल—
ठोस हो या पोल ?
हो गए नीरस तुम्हारी चिंतना में—
व्यस्त होकर तर्क औ' अनुमान
हे हमारी कल्पना के पुत्र, हे भगवान !
परिधि यह संकीर्ण, इसमें ले न सकते साँस
गले को जकड़े हुए हैं यम-न्नियम के फाँस
—पुराने आचार और विचार
गगन में नीहारिकाओं को न करने दे रहे
अभिसार
छोड़कर प्रासाद खोजूँ खोह—
कह रहा है पूर्वजों का मोह
ज़ोर देकर कह रहे ये वेद और पुरान
मूल से चिपटे रहो नादान
बनूँ मैं सज्जन, सुशील विनीत
हार को समझा करूँ मैं जीत
क्रोध का अक्रोध से कर अंत
बनूँ मैं आदर्श मानव संत
रह न जाए उष्णता कुछ रक्त में अवशिष्ट
गुरुजनों को भी यही था इष्ट
सड़ गई है आँत
पर दिखाए जा रहे हैं दाँत
छोड़कर संकोच, तजकर लाज
दे रहा है गालियाँ यह जीर्ण-शीर्ण समाज
खोलकर बंधन, मिटाकर नियति के आलेख
लिया मैंने मुक्ति पथ को देख

नदी कर ली पार, उसके बाद
नाव को लेता चलूँ क्यों पीठ पर मैं लाद
सामने फैला पड़ा शतरंज-सा संसार
स्वप्न में भी मैं न इसको समझता निस्सार
इसी में भव, इसी में निर्वाण
इसी में तन-मन, इसी में प्राण
यहीं जड़-जंगम सचेतन औ' अचेतन जंतु
यहीं 'हाँ', 'ना', 'किंतु' और 'परंतु'
यहीं है सुख-दुःख का अवबोध
यहीं हर्ष-विषाद, चिंता-क्रोध
यहीं है संभावना, अनुमान
यहीं स्मृति-विस्मृति सभी का स्थान
छोड़कर इसको कहाँ निस्तार
छोड़कर इसको कहाँ उद्धार
स्वजन-परिजन, इष्ट-मित्र, पड़ोसियों की याद
रहे आती, तुम रहो यों ही वितंडावाद
मूँद आँखें शून्य का ही करूँ मैं तो ध्यान ?
कल्पना के पुत्र हे भगवान !

1946

थकित-चकित-भ्रमित-भग्न मन

थकित-चकित-भ्रमित-भग्न मन को
स्फूर्ति देता है किसी समर्थ का सहारा
तो क्या मुझे भी प्रभु की सत्ता स्वीकारनी होगी
तो क्या मुझे भी आस्तिक बन जाना होगा ?

सुख-सुविधा और ऐश-आराम के साधन

डाल देते हैं दरार प्रखर नास्तिकता की भीत में
बड़ा ही मादक होता है 'यथास्थिति' का शहद
बड़ी ही मीठी होती है 'गतानुगतिकता' की संजीवनी

धर्मभीरु पारंपरिक जन-समुदायों की
बूँद-बूँद संचित श्रद्धा के सौ-सौ भाँड़
जमा हैं, जमा होते रहेंगे
मठों के अंदर...
तो क्या मुझे भी बुढ़ापे में 'पुष्टई' के लिए
वापस नहीं जाना है किसी मठ के अंदर ?

1975

रहा उनके बीच मैं

रहा उनके बीच मैं !
था पतित मैं, नीच मैं
दूर जाकर गिरा, बेबस उड़ा पतझड़ में
धँस गया आकंठ कीचड़ में
सड़ी लाशें मिलीं
उनके मध्य लेटा रहा आँखें मींच, मैं
उठा भी तो झाड़ आया नुक्कड़ों पर स्पीच, मैं !
रहा उनके बीच मैं !
था पतित मैं, नीच मैं !!

1976

जी हाँ, लिख रहा हूँ⋯

जी हाँ, लिख रहा हूँ⋯
बहुत कुछ ! बहोत-बहोत !!
ढेर-ढेर-सा लिख रहा हूँ !
मगर, आप उसे पढ़ नहीं
पाओगे⋯ देख नहीं सकोगे
उसे आप !

दरअसल बात यह है कि
इन दिनों अपनी लिखावट
आप भी मैं कहाँ पढ़ पाता हूँ
नियोन-राड पर उभरती पंक्तियों की
तरह वो अगले ही क्षण
गुम हो जाती है
चेतना के 'की-बोर्ड' पर वो बस
दो-चार सेकेंड तक ही
टिकती है⋯
कभी-कभार ही अपनी इस
लिखावट को कागज़ पर
नोट कर पाता हूँ,
स्पंदनशील संवेदन की
क्षण-भंगुर लड़ियाँ
सहेजकर उन्हें और तक
पहुँचाना !
बाप रे, कितना मुश्किल है !
आप तो 'फ़ोर फ़िगर' मासिक–
वेतन वाले उच्च-अधिकारी ठहरे,
मन-ही-मन तो हँसोगे ही,
कि भला यह भी कोई
काम हुआ, कि अनाप-

शनाप ख़यालों की
महीन लफ्फाज़ी ही
करता चले कोई—
यह भी कोई काम हुआ भला !

1979

बातें

बातें—
हँसी में धुली हुई
सौजन्य चंदन में बसी हुई
बातें—
चितवन में घुली हुई
व्यंग्य बंधन में कसी हुई
बातें—
उसाँस में झुलसीं
रोष की आँच में तली हुई
बातें—
चुहल में हुलसीं
नेह-साँचे में ढली हुई
बातें—
विष की फुहार-सी
बातें—
अमृत की धार-सी
बातें—
मौत की काली डोर-सी
बातें—
जीवन की दूधिया हिलोर-सी
बातें—

अचूक वरदान-सी
बातें–
घृणित नाबदान-सी
बातें–
फलप्रसू, सुशोभन, फल-सी
बातें–
अमंगल विष-गर्भ शूल-सी
बातें–
क्या करूँ मैं इनका ?
मान लूँ कैसे इन्हें तिनका ?
बातें–
यही अपनी पूँजी, यही अपने औज़ार
यही अपने साधन, यही अपने हथियार
बातें–
साथ नहीं छोड़ेंगी मेरा
बना लूँ वाहन इन्हें घुटन का, घिन का ?
क्या करूँ मैं इनका ?
बातें–
साथ नहीं छोड़ेंगी मेरा
स्तुति करूँ रात की, ज़िक्र न करूँ दिन का ?
क्या करूँ मैं इनका ?

1967

वो हमें चेतावनी देने आए थे

मध्य रात्रि में,
पहले तो
कुपित स्वरों की मिश्रित अनुगूँज
सुनाई पड़ी…
वो अनुगूँज पास आती गई
बिल्कुल करीब आ गई…

कि यक-ब-यक प्रगट हुए
चार-पाँच खूँखार चेहरे—
भीम-भयंकर
कद्दावर काठी थी उनकी !

'क' आकृतिवाला पहला बोला :
"जाने कब से तू
हमारी ऐसी-तैसी करता आया !
तेरी करतूत अब बरदाश्त नहीं होती
बोल क्या करूँ तेरा ऽऽऽ ..."

'स' आकृतिवाला दूसरा गर्जा...
(वो और भी तैश में था)
"करना क्या है !
गला घोंट दे स्साले का ऽऽ ..."

तीसरे की आकृति 'प' जैसी थी
उनमें वही थोड़ा सभ्य लगा...
उसकी भाषा भी शिष्ट प्रतीत हुई...
वो कह रहा था :
"आप तो काफी समझदार हैं !
हमारे प्रति आपके आचरण
इतने अ-शोभन क्यों हैं ?
ज़रा खुद ही सोचिए तो ऽऽ
आखिर कब तक कोई चुप रहे ?
सहनशीलता की भी कोई सीमा होती है
सोचिए तो खुद ही...

आखिर में 'ज' आकृतिवाला
सामने आया...
उसने दाँत पीसते हुए कहा :

''साले, हमें सब पता है,
कहाँ-कहाँ जाता है तू !
भोपाल, जयपुर, पटना, चंडीगढ़,
लखनऊ, शिमला, नई दिल्ली...
तेरे सारे ठौर-ठिकाने
हमें मालूम हो चुके हैं
बोल क्या करें तेरा ?''

अपना तो पसीना छूट रहा था...
घिग्घी बँध गई थी...
साँप सूँघ गया था

फिर हुआ यही कि
उन सबने थूका
मेरी तरफ मुँह करके...
और, यह कहते हुए
अँधेरे में गुम हो गए :
''बस, अभी इतना काफी है !
अगली बार इसकी खबर लेंगे !''

दरअसल यह सब
एक डरावना सपना था
मगर अपना तो
सचमुच बुरा हाल था
प्यास के मारे गला सूख रहा था...
थर्मस से पानी निकालकर
हमने दो बार पिया...
और, बाकी रात बैठे रहे !
सोचते रहे, सोचते रहे :
क्रांति, समता, प्रगति, जनवाद
—आजीवन हमने
इन शब्दों से काम लिया है !
वो हमें चेतावनी दे गए हैं !

1983

सिंदूर तिलकित भाल

घोर निर्जन में परिस्थिति ने दिया है डाल !
याद आता तुम्हारा सिंदूरतिलकित भाल !
कौन है वह व्यक्ति जिसको चाहिए न समाज ?
कौन है वह एक जिसको नहीं पड़ता दूसरे से काज ?
चाहिए किसको नहीं सहयोग ?
चाहिए किसको नहीं सहवास ?
कौन चाहेगा कि उसका शून्य में टकराय यह उच्छ्वास ?
हो गया हूँ मैं नहीं पाषाण
जिसको डाल दे कोई कहीं भी
करेगा वह कभी कुछ न विरोध
करेगा वह कुछ नहीं अनुरोध
वेदना ही नहीं उसके पास
फिर उठेगा कहाँ से निःश्वास
मैं न साधारण, सचेतन जंतु
यहाँ हाँ–ना–किंतु और परंतु
यहाँ हर्ष-विषाद-चिंता-क्रोध
यहाँ है सुख-दुःख का अवबोध
यहाँ हैं प्रत्यक्ष औ' अनुमान
यहाँ स्मृति-विस्मृति के सभी के स्थान
तभी तो तुम याद आती प्राण,
हो गया हूँ मैं नहीं पाषाण !
याद आते स्वप्न
जिनकी स्नेह से भीगी अमृतमय आँख
स्मृति-विहंगम की कभी थकने न देगी पाँख
याद आता मुझे अपना वह 'तरउनी' ग्राम
याद आतीं लीचियाँ, वे आम
याद आते मुझे मिथिला के रुचिर भू-भाग
याद आते धान

याद आते कमल, कुमुदिनि और तालमखान
याद आते शस्य-श्यामल जनपदों के
रूप-गुण-अनुसार ही रक्खे गए वे नाम
याद आते वेणुवन वे नीलिमा के निलय, अति अभिराम

धन्य वे जिनके मृदुलतम अंक
हुए थे मेरे लिए पर्यंक
धन्य वे जिनकी उपज के भाग
अन्न-पानी और भाजी-साग
फूल-फल औ' कंद-मूल, अनेक विध मधु-मांस
विपुल उनका ऋण, सधा सकता न मैं दशमांश
ओह, यद्यपि पड़ गया हूँ दूर उनसे आज
हृदय से पर आ रही आवाज़—
धन्य वे जन, वही धन्य समाज
यहाँ भी तो हूँ न मैं असहाय
यहाँ भी हैं व्यक्ति औ' समुदाय
किंतु जीवन भर रहूँ फिर भी प्रवासी ही कहेंगे हाय !
मरूँगा तो चिता पर दो फूल देंगे डाल
समय चलता जाएगा निर्बाध अपनी चाल
सुनोगी तुम तो उठेगी हूक
मैं रहूँगा सामने (तसवीर में) पर मूक
सांध्य नभ में पश्चिमांत-समान
लालिमा का जब करुण आख्यान
सुना करता हूँ, सुमुखि उस काल
याद आता तुम्हारा सिंदूरतिलकित भाल

1943

वह दंतुरित मुस्कान

तुम्हारी यह दंतुरित मुस्कान
मृतक में भी डाल देगी जान
धूलि-धूसर तुम्हारे ये गात...
छोड़कर तालाब मेरी झोंपड़ी में खिल रहे जलजात
परस पाकर तुम्हारा ही प्राण,
पिघलकर जल बन गया होगा कठिन पाषाण
छू गया तुमसे कि झरने लग पड़े शेफालिका के फूल
बाँस था कि बबूल?
तुम मुझे पाए नहीं पहचान?
देखते ही रहोगे अनिमेष!
थक गए हो?
आँख लूँ मैं फेर?
क्या हुआ यदि हो सके परिचित न पहली बार?
यदि तुम्हारी माँ न माध्यम बनी होती आज
मैं न सकता देख
मैं न पाता जान
तुम्हारी यह दंतुरित मुस्कान
धन्य तुम, माँ भी तुम्हारी धन्य!
चिर प्रवासी मैं इतर, मैं अन्य!
इस अतिथि से प्रिय तुम्हारा क्या रहा संपर्क

उँगलियाँ माँ की कराती रही हैं मधुपर्क
देखते तुम इधर कनखी मार
और होतीं जब कि आँखें चार
तब तुम्हारी दंतुरित मुस्कान
मुझे लगती बड़ी ही छविमान

1943

तन गई रीढ़

झुकी पीठ को मिला
किसी हथेली का स्पर्श
तन गई रीढ़

महसूस हुईं कंधों को
पीछे से,
किसी नाक की सहज उष्ण निराकुल साँसें
तन गई रीढ़

कौंधी कहीं चितवन
रँग गए कहीं किसी के होंठ
निगाहों के ज़रिए जादू घुसा अंदर
तन गई रीढ़

गूँजी कहीं खिलखिलाहट
टूक-टूक होकर छितराया सन्नाटा
भर गए कर्णकुहर
तन गई रीढ़

आगे से आया
अलकों के तैलाक्त परिमल का झोंका
रग-रग में दौड़ गई बिजली
तन गई रीढ़

1957

यह तुम थीं

कर गई चाक
तिमिर का सीना
जोत की फाँक
यह तुम थीं

सिकुड़ गई रग-रग
झुलस गया अंग-अंग
बनाकर ठूँठ छोड़ गया पतझार
उलंग असगुन-सा खड़ा रहा कचनार
अचानक उमगी डालों की संधि में
छरहरी टहनी
पोर-पोर में गसे थे टूसे
यह तुम थीं

झुका रहा डालें फैलाकर
कगार पर खड़ा कोढ़ी गूलर
ऊपर उठ आई भादों की तलैया
जुड़ा गया बौने की छाल का रेशा-रेशा
यह तुम थीं !

1957

सुबह-सुबह

सुबह-सुबह
तालाब के दो फेरे लगाए

सुबह-सुबह
रात्रि शेष की भीगी दूबों पर
नंगे पाँव चहलकदमी की

सुबह-सुबह
हाथ-पैर ठिठुरे, सुन्न हुए
माघ की कड़ी सर्दी के सारे

सुबह-सुबह
अधसूखी पतइयों का कौड़ा तापा
आम के कच्चे पत्तों का
जलता, कड़ुवा कसैला सौरभ लिया

सुबह-सुबह
गवई अलाव के निकट
घेरे में बैठने-बतियाने का सुख लूटा

सुबह-सुबह
आंचलिक बोलियों का मिक्सचर
कानों की इन कटोरियों में भरकर लौटा
सुबह-सुबह

1976

गुलाबी चूड़ियाँ

प्राइवेट बस का ड्राइवर है तो क्या हुआ,
सात साल की बच्ची का पिता तो है!
सामने गियर से ऊपर

हुक से लटका रक्खी हैं
काँच की चार चूड़ियाँ गुलाबी
बस की रफ्तार के मुताबिक
हिलती रहती हैं...
झुककर मैंने पूछ लिया
खा गया मानो झटका
अधेड़ उम्र का मुच्छड़ रोबीला चेहरा
आहिस्ते से बोला : हाँ सा'ब
लाख कहता हूँ, नहीं मानती है मुनिया
टाँगे हुए है कई दिनों से
अपनी अमानत
यहाँ अब्बा की नज़रों के सामने
मैं भी सोचता हूँ
क्या बिगाड़ती हैं चूड़ियाँ
किस जुर्म पे हटा दूँ इनको यहाँ से ?
और ड्राइवर ने एक नज़र मुझे देखा
और मैंने एक नज़र उसे देखा
छलक रहा था दूधिया वात्सल्य बड़ी-बड़ी आँखों में
तरलता हावी थी सीधे-सादे प्रश्न पर
और अब वे निगाहें फिर से हो गईं सड़क की ओर
और मैंने झुककर कहा—
हाँ भाई, मैं भी पिता हूँ
वो तो बस यूँ ही पूछ लिया आपसे
वर्ना ये किसको नहीं भाएँगी ?
नन्हीं कलाइयों की गुलाबी चूड़ियाँ !

1961

खुरदरे पैर

खुब गए
दूधिया निगाहों में
फटी बिवाइयोंवाले खुरदरे पैर

धँस गए
कुसुम-कोमल मन में
गुट्ठल घट्ठोंवाले कुलिश-कठोर पैर

दे रहे थे गति
रबड़-विहीन ठूँठ पैडलों को
चला रहे थे
एक नहीं, दो नहीं, तीन-तीन चक्र
कर रहे थे मात त्रिविक्रम वामन के पुराने पैरों को
नाप रहे थे धरती का अनहद फासला
घंटों के हिसाब से ढोए जा रहे थे !

देर तक टकराए
उस दिन इन आँखों से वे पैर
भूल नहीं पाऊँगा फटी बिवाइयाँ
खुब गईं दूधिया निगाहों में
धँस गईं कुसुम-कोमल मन में

1961

घिन तो नहीं आती है ?

पूरी स्पीड में है ट्राम
खाती है दचके पै दचका
सटता है बदन से बदन—
पसीने से लथपथ।
छूती है निगाहों को
कत्थई दाँतों की मोटी मुस्कान
बेतरतीब मूँछों की थिरकन
सच-सच बतलाओ
घिन तो नहीं आती है ?
जी तो नहीं कढ़ता है ?

कुली-मजदूर हैं
बोझा ढोते हैं, खींचते हैं ठेला
धूल-धुआँ-भाफ से पड़ता है साबक़ा
थके-माँदे जहाँ-तहाँ हो जाते हैं ढेर
सपने में भी सुनते हैं धरती की धड़कन
आकर ट्राम के अंदर पिछले डब्बे में
बैठ गए हैं इधर-उधर तुमसे सटकर
आपस में उनकी बतकही
सच-सच बतलाओ
नागवार तो नहीं लगती है ?
जी तो नहीं कुढ़ता है ?
घिन तो नहीं आती है ?

दूध-सा धुला सादा लिबास है तुम्हारा
निकले हो शायद चौरंगी की हवा खाने
बैठना था पंखे के नीचे, अगले डब्बे में
ये तो बस इसी तरह
लगाएँगे ठहाके, सुरती फाँकेंगे

भरे मुँह बातें करेंगे अपने देस-कोस की
सच-सच बतलाओ
अखरती तो नहीं इनकी सोहबत ?
जी तो नहीं कुढ़ता है ?
घिन तो नहीं आती है ?

1961

गीले पाँक की दुनिया गई है छोड़

बढ़ी है इस बार गंगा खूब
दियारों पर गाँव कितने ही गए हैं डूब
किंतु हम तो शहर की इस छोर पर हैं
देखते हैं रात-दिन जल-प्रलय का ही दृश्य
पत्थरों से बँधी गहरी नींववाला
किराए का घर हमारा रहे यह आबाद
पुराना ही सही पर मजबूत
रही जिसको अनवरत झकझोर
क्षुब्ध गंगा की विकट हिलकोर
सामने ही पड़ोसी के–
नीम, सहजन, आँवला, अमरूद
हो रहे आकंठ जल में मग्न
रह न पाए स्तंभ पुल के नग्न
दूधिया पानी बना उनका रजत परिधान
रेलगाड़ी के पसिंजर खड़े होकर
खिड़कियों से झाँकते हैं
देखते हैं बाढ़ का यह दृश्य
उधर झूँसी इधर दारागंज…
बीच का विस्तार
बन गया है आज पारावार

भगवती भागीरथी–
ग्रीष्म में यह हो गई थी प्रतनु-सलिला
विरहिणी की पीठ लुंठित एकवेणी-सदृश
जिसको देखते ही व्यथा से अवसन्न होते रहे मेरे नेत्र
रिक्त ही था वरुण की कल-केलि का यह क्षेत्र
काकु करती रही पुल की प्रतिच्छाया, मगर यह थी मौन
उस प्रतनुता से अरे इस बाढ़ की तुलना करेगा कौन ?

सो गए जल में बड़े हनुमान
तख्तपोश उठा लाए दूर गंगापुत्र
कृष्णद्वैपायनों का परिवार–
मलाहों के झोपड़ों का अति मुखर संसार
त्रिवेणी के बाँध पर आकर हुआ आबाद
चिर उपेक्षित हमारी छोटी गली की
रुक्ष-दंतुर सीढ़ियाँ ही बन गई हैं घाट
भला हो इस बाढ का !

पाँच दिन बीते कि हटने लग गई बस बाढ़
लौटकर आ जाएगा फिर क्या वही आषाढ़ ?
हटी गंगा
किंतु, गीले पाँक की दुनिया गई है छोड़
और उस पर
मलाहों के छोकरों की क्रमांकित पद-पंक्ति
खूब सुंदर लग रही है...
मन यही करता कि मैं भी
उन्हीं में से एक होता
और–
नंगे पैर, नंगा सिर
समूचा बदन नंगा...
विचरता पंकिल पुलिन पर
नहीं मछली ना सही,
दस-पाँच या दो-चार क्या कुछ घुँघचियाँ भी नहीं मिलतीं ?

1948

शालवनों के निबिड़ टापू में…

हलबी और हिंदी का
हमारा दुभाषिया साथी
करने लगा उससे बातें

फूल बाबू के लिए चाहिए थी माचिस
पास की झोंपड़ी से वह ले आया साबित दियासलाई
क्षण भर बाद वापस भी दे आया
फिर वो पैसे माँगने लगा इशारे से
हमने थमा दी अठन्नी…
यानी, पचास पैसोंवाला नया सिक्का
खुशी में चमकने लगीं माड़िया की आँखें
कहने लगा : "जोहार ! जोहार ! जोहार साऽऽब…"
मुस्कराकर बतलाया हमारे दुभाषिए ने–
(इत्ती-सी देर में उन दोनों में हो गई थीं ज़रा-मरा-सी बातें)
"दस-पंद्रह वर्ष पहले यह दिल्ली गया था
आदिवासी लोकनृत्यवाली अपनी पार्टी के साथ…"
मैंने जानना चाहा–
"पूछो, उन दिनों कौन था दिल्ली का राजा ?"
नचाकर हथेलियाँ
अबूझ-सी पहेलियों में गुम हो गया बेचारा शबर-पुत्र !…
क्या कहे ! क्या न कहे !
नाम ले कौन-सा !
कौन-सा नाम न ले !

इतनी लंबी अवधि में स्मृति-पटल पर से धुल-पुँछकर
गायब हो चुके थे वे नाम…।
मैंने आखिर सुझाई चंद संज्ञाएँ–
"नेहरू, राजेंदर परसाद, राधा कृस्नन…
बोलो, कौन था उन दिनों दिल्ली का राजा…?"

"मालूम नहीं अपने को…
अपन को नई मालूम…"
डालकर भौंहों पर ज़ोर बोला माड़िया अधेड़
और अगले ही क्षण
हथेलियों पर उछालता वही सिक्का
उतर गया सड़क के नीचे
खो गया शालवनों के निबिड़ टापू में
माड़िया अधेड़।
बोला हमारा दुभाषिया मित्र–
(रविशंकर विश्वविद्यालय का एम. ए.)
"अपन इसके साथ दो रोज रह पाते!
काश! झोंपड़ियों वाली इसकी बस्ती तक
पहुँच पाते अपन
रातों वाली अड्डेबाजी में साथ देते इसका
साखू के पत्तोंवाले दोने में साथ-साथ पीते सल्फ़ी
चखते भुना हुआ गोश्त सुअर का साथ-साथ
फिर शायद खुलकर बातें करता यह हमसे…।"
और हम चारों जने
देखते रह गए शालवनों की उस पगडंडी की ओर
कम-से-कम दस मिनट तक देखते रहे
तैरती रही आरण्यक छवियाँ सूनी निगाहों में
लेकिन वह तो अब तक अलक्षित हो चुका था
जा चुका था गहरे निबिड़ अरण्य की अतल झील के अंदर।
…स्टार्ट हुई हमारी जीप
बैलाडीला वाली उसी सड़क पर
दंतेवाड़ा से 55 किलोमीटर आगे…

1973

लालू साहू

शोक विह्वल लालू साहू
अपनी पत्नी की चिता में
कूद गया
लाख मना किया लोगों ने
लाख-लाख मिन्नतें कीं
अनुरोध किया लाख-लाख
लालू ने एक न सुनी…
63 वर्षीय लालू 60 वर्षीया पत्नी की
चिता में अपने को डालकर 'सती' हो गया
अतिरिक्त पुलिस अधीक्षक एफ. एस. बाखरे ने आज
यहाँ बतलाया–
लालू सलेमताबाद के निकट बंधी गाँव का रहने वाला था
पत्नी अर्से से बीमार थी
लालू ने महीनों उसकी परिचर्या की
मगर वो बच न सकी
निकटवर्ती नदी के किनारे चिता प्रज्वलित हुई
दिवंगत की लाश जलने लगी
लालू जबरन उस चिता में कूद गया
लालू की काया बुरी तरह झुलस गई थी
लोगों ने खींच-खाँचकर उसे बाहर निकाला
मगर लालू को बचाया न जा सका
थोड़ी देर बाद ही उसके प्राण पखेरू उड़ गए
पीछे–
मृत लालू का शव भी उसकी पत्नी की चिता में ही
डाल दिया गया
पीछे–
पुलिस वालों ने लालू के अवशेषों को
अपने कब्जे में ले लिया…
इस प्रकार एक पति उस रोज 'सती' हो गया

और अब दिवंगत पति (लालू साहू) के नाम
पुलिस वाले केस चलाएँगे···
क्या इस हमदर्द कवि को तथाकथित अभियुक्त के पक्ष में
भावात्मक साक्ष्य देना होगा बाहर जाकर ?

1976

तेरी खोपड़ी के अंदर

गले से
रुद्राक्ष की लंबी माला
लटक रही थी
जोगिया कलरवाले
कुर्ते पर···
दाहिने कान से
लाल फूल अटका पड़ा था,
चमक रहा था भाल पर
चंदन का पीला तिलक···
वो अपना रिक्शा
मेरे निकट ले आया
···''नमस्ते बाबाजी !''
संजीदगी में बोला···
''किधर को ले चलूँ बाबाजी ?''

मैं उसको गौर से देखने लगा
वो अच्छा-भला युवक था,
गंदमी सूरत का दुबला-पतला !
बड़ी-बड़ी आँखें, सुरमई···
चौड़ी पेशानी पर

चमक रहा था चंदन का टीका
लुंगी पीली थी
पैर खाली थे···

''चलो बाबाजी,
किधर ले चलूँ ?
छीपी तालाब[1] ?
बेगमपुल[2] ?''

कि इतने में
एक और युवक
इन कानों में
फुसफसाके कह गया–
''खबरदार, यह मुसलमान है···
इसके रिक्शे पर
कभी ना बैठना आप !''

मगर अपना साथी
अ. अ. बोला–
''हम इसी का रिक्शा लेते हैं।''
हमने उससे कहा–
''हॉस्टल ले चलो,
हाँ-हाँ, मेरठ कालेज हॉस्टल।''
हमें हॉस्टल के गेट पर
पहुँचाकर
निहायत नरम आवाज में
वो कहने लगा–
''बाबाजी, हम अब चुटैया भी रखेंगे
आठ-दस रोज की
भुखमरी के बाद
हमारे अंदर
य' अक्किल फूटी है !

''बाबाजी,
रुदराछ के मनके
अच्छी मजूरी दिला रहे हैं

''बाबाजी, अब हम
चुटन्ना भी रखेंगे माथे पे
अब हम चंदन का टीका भी
रोज लगाते रहेंगे···
बाबाजी, अब हम
अपना नाम भी तो
'परेम परकास' बतलाते हैं···''

वो अपना रिक्शा लेकर
वापस जा रहा था···
उसने हमारी बातें सुन ली थीं
जभी तो
अपना 'वक्तव्य'
सूत्र रूप में
हमारे सामने रख गया था

अपना रिक्शा लेकर
प्रेम प्रकाश जा रहा था
और हम दोनों
मिनटों उसे जाते हुए
देखते रहे···
यों तो वो
कल्लू था–
कल्लू रिक्शावाला
यानी कलीमुद्दीन···
मगर अब वो
'परेम परकास'

कहलाना पसंद करेगा...
कलीमुद्दीन तो
भूख की भट्ठी में
खाक हो गया था

''जियो बेटा प्रेम प्रकाश !
हाँ-हाँ, चोटी जरूर रख लो।
और हाँ, पूरनमासी के दिन
गढ़[3] की गंगा में डूब लगा आना !
हाँ-हाँ, तेरा यही लिबास
तेरे को रोजी-रोटी देगा !
सच, बेटा प्रेम प्रकाश
तूने मेरा दिल जीत लिया !
लेकिन तू अब
इतना तो जरूर करना
मुझे उस नाले के करीब
ले चलना कभी
उस नाले के करीब
जहाँ कल्लू का कुनबा रहता है !
मैं उसकी बूढ़ी दादी के पास,
बीमार अब्बाजान के पास
बैठकर चाय पी आऊँगा कभी !
कल्लू के नन्हे-मुन्ने
मेरी दाढ़ी के बाल
सहलाएँगे...और

''और !''
''और तेरा सिर।''
मेरे अंदर से
एक गुस्सैल आवाज आई...
–''बुड्ढे, अपना इलाज करवा !
तेरी खोपड़ी के अंदर

गू भर गई है।
खूसट कहीं का!
कल्लू तेरा नाना लगता है न?
खबरदार साले
तुझे किसने कहा था
मेरठ आने के लिए?...

लगता है
वो गुस्सैल आवाज
आज भी कभी-कभी
सुनाई देती रहेगी...

1983

1-2. मेरठ के मुहल्ले।
3. जिला मेरठ में गंगा तटवर्ती एक जगह। यहाँ स्नान के लिए लाखों की भीड़ जुटती है।

चंदू, मैंने सपना देखा

चंदू, मैंने सपना देखा, उछल रहे तुम ज्यों हिरनौटा
चंदू, मैंने सपना देखा, अमुआ से हूँ पटना लौटा
चंदू, मैंने सपना देखा, तुम्हें खोजते बद्री बाबू
चंदू, मैंने सपना देखा, खेल-कूद में हो बेकाबू

चंदू, मैंने सपना देखा, कल परसों ही छूट रहे हो
चंदू, मैंने सपना देखा, खूब पतंगें लूट रहे हो
चंदू, मैंने सपना देखा, लाए हो तुम नया कलैंडर
चंदू, मैंने सपना देखा, तुम हो बाहर, मैं हूँ बाहर

चंदू, मैंने सपना देखा, अमुआ से पटना आए हो
चंदू, मैंने सपना देखा, मेरे लिए शहद लाए हो

चंदू, मैंने सपना देखा, फैल गया है सुयश तुम्हारा
चंदू, मैंने सपना देखा, तुम्हें जानता भारत सारा
चंदू, मैंने सपना देखा, तुम तो बहुत बड़े डॉक्टर हो
चंदू, मैंने सपना देखा, अपनी ड्यूटी में तत्पर हो

चंदू, मैंने सपना देखा, इम्तिहान में बैठे हो तुम
चंदू, मैंने सपना देखा, पुलिस-यान में बैठे हो तुम
चंदू, मैंने सपना देखा, तुम हो बाहर, मैं हूँ बाहर
चंदू, मैंने सपना देखा, लाए हो तुम नया कलैंडर

1976

नेवला

कौन नहीं लाड़ लड़ाना चाहता है इससे ?
कौन नहीं गोद में उठा लेना चाहेगा इसको ?
कौन नहीं खुश होता है
इसकी आँखों में आँखें डालकर ?
जंबू, जमूरा, मोतिया, दुलरुआ···
जाने कितने नाम मिल गए हैं इसे ।
– हम सारे ही बंदियों का
बड़ा ही लाड़ला खिलौना है यह तरुण नेवला···

एक बार मोतिया ने
मेरी नाक की नोक में

गड़ा दिए थे अपने दाँत–
नहीं, वो गुस्से में नहीं था
वह लाड़ लड़ाने के मूड में था
लेकिन मैं तो उस दुपहरी में
लेटा था, झपकियाँ ले रहा था
मैं कतई नहीं था खिलवाड़ के मूड में
सो, शैतान ने
अपने पैने दाँत गड़ा दिए थे
इस बूढ़े बंदर की नाक की नोक पर
बड़ा ही गुस्सा आया था···
ख़ैर, खरोंच-वरोंच नहीं पड़ी थी
पीछे, सुदामा से बतलाया तो उसने ठहाके मारे
फिर, देर तक मैं भी हँसता रहा था।
अख़लाक को मालूम हुआ
अखिलेश (पांडे) को मालूम हुआ
दीना और मुंद्रिका को मालूम हुआ
हँसते-हँसते सभी के पेटों में बल पड़ गए!
मैं खुद भी हँसता रहा था देर तक।
ख़ैर, खरोंच-वरोंच नहीं आई थी!

तू रह-रहकर कहाँ गुम हो जाता है?
हफ़्ता-हफ़्ता, दस-दस रोज़ गायब रहता है!
देख जमूरे, तेरी आवारगी बेहद खलती है हमें
अब तुझ पर पिटाई पड़ने ही वाली है मोतिया!
हाँ, बतलाए दे रहा हूँ
अब कोई तुझे माफ़ नहीं करेगा–
अच्छा, बतला तो भला!
कहाँ-कहाँ रहा पिछले दिनों?
जेलर के क्वार्टर में यानी आनंदी प्रसाद के घर में?
याकि मंजर बाबू के उस छोटे क्वार्टर में?
बोल बे, कहाँ रहा इतने दिन?
च्चुः च्चुः च्चुः च्चुः। आः आः आः आः

मोतिया, ओः ओः ओः
मोतिया ! मोतिया ! !
हाँ, इसी तरह बड़ों की बात मानते हैं—
इन्सान तो क्या, हैवान तक निगाहें झुकाकर
करीब सरक आते हैं : हाँ, इसी तरह गर्दन झुका देते हैं
हाँ, इसी तरह !
बिल्कुल इसी तरह—
कम-से-कम घंटा-भर तो अभी आराम कर ले
इस बूढ़े बंदर की गोद में !

अखलाक, अखलाक !
ये देखो, मोतिया मेरी गोद में लेटा है
जाने कितना थका है आज !
सारे दिन जाने कहाँ-कहाँ के चक्कर लगाता रहा है
अखलाक, लाओ तो प्लेट में खीर
हाँ, देखना, चार-पाँच चम्मच से ज्यादा न डालना !
क्या होगा सरऊ को ज्यादा खीर चटाकर ?
ओह, नहीं अखलाक, मेरा मतलब यह नहीं था
जरी-सी इत्ती-सी खीर।
अमाँ, तुम तो भारी किरपन हो यार...
थोड़ी-सी और डालो बेटे !
'जमूरे को पाकर'
अपनी पीली लुंगी सँभालते-सँभालते
मुस्कुराकर बोला अखलाक :
'बेहद सेंटिमेंटल हो उठते हैं बाबा आप तो !'
और, इधर—
प्लेट में चम्मच की खटपट सुनते ही
मोतिया ने लगाई छलाँग !
खीर अभी बिल्कुल गर्म है...
पतीला अभी बिल्कुल गर्म है...
पतीला चूल्हे से उतारकर रख गया है रामबचन
ताज़ा-ताज़ा दूधिया भाप

हवा में घुल उठा है···

मोतिया भली-भाँति ट्रेंड है
गर्मा-गर्म खीर को वो अपनी चंगुल से
नीचे सिमेंट वाली फर्श पर बिखेर चुका है
चप-चप-चप-चप···शप-शप-शप-शप
चाट रहा है खीर मोतिया जल्दी-जल्दी में
जाने कैसी हड़बड़ी में है वो
जाने कितना भूखा है वो
चंगुल से बिखेर-बिखेर कर फर्श पर खीर
शपाशप-चपाचप चाट रहा है
उसकी यह फुर्ती देखते ही बनती है
रामबचन, सुदामा, मुंद्रिका, अखिलेश पांडे,
मोहनिया बाबू, नौशाद, अखलाक,
दसई, हकेंदू, कर्मा, सलीम–
मोतिया के इर्द-गिर्द आके जमा हो गए हैं
कमर में झटका देता हुआ सुदामा
और दो कलछी खीर निकाल ले आता है :
ओह़ ! ओह ! च्च-च्च-च्च
बड़ा भुखयल मालूम पड़ता है जमूरा
खा रे खा ! तेरे खातिर
बाबा आज खीर-पाटी दे रहे हैं
अरे, हमारे इस तीन नंबर वार्ड में
नित्तह खीर घुटती है शाम को तो···
ब्बा रे ब्बा, क्खा रे क्खा···जमूरा मेरे।
सुदामा कहता है ?
लगता है कई दिन बाद आज
जमूरे को खीर का 'सवाद' मिला है–
मगर, जमूरे, आज तेरे को सारी रात हम
मिसा-बंदी बना के रक्खेंगे
सबेरे चार-पाँच बजे रिहा करेंगे
क्या बाबा जमूरे को अभी भागने देंगे ?

जो हुकुम होगा आपका, वही न करेंगे हम...

अब होली के दिन आ गए
शाम को पाँच बजे से ही मच्छरों का हमला शुरू हो जाता है
अलस्सुबह तक उनकी कारस्तानी चलती रहती है
लेकिन मोतिया है कि इन मच्छरों से सुरक्षित
अभी रात के दो बजेंगे—
मगर देखो तो शैतान किस कदर
सुख की नींद सो रहा है
अखलाक की मसहरी के अंदर
बेसुध-बेखबर नींद खींच रहा है!
इसे क्या परवाह है इन साले मच्छरों की।
रात्रिशेष में, ठीक पाँच बजे, मोतिया बाहर निकल भागेगा
याकि आधा घंटा पहले ही
अपनी पतली थूथन घुसेड़कर मसहरी से सरकेगा
सलाखों की फाँक से बरामदे में पहुँचेगा
और फिर नींबू की छोटी झाड़ से आगे होगा
अखाड़े के करीब रातरानी के छाँटे-तराशे पौधे के पास
याकि बैंगन की क्यारियों के करीब
पाखाना-पेशाब से निबट लेगा
और, तब फिर, शुरू हो जाएगी जमूरे की दिनचर्या
हो सकता है, वो अगले दो-तीन दिनों तक
इस वार्ड के विशाल प्रांगण में कहीं नजर ही न आए।
मंजरबाबू के क्वार्टर में बचपन गुजार चुका है न!
मंजर साहब ने छोटी-छोटी ताजा मछलियाँ खिलाकर
बड़े जतन से पाला-पोसा था—
मोतिया के बीसियों नाज-नखरे झेले हैं मंजरबाबू ने
उन दिनों वो नए-नए बक्सर आए थे
अपना क्वार्टर नहीं था उनका
एक हमपेशा (सब-जेलर) सज्जन के साथ,
रहना पड़ता था बेचारों को। जैसे-तैसे वक्त गुजार रहे थे
फेमिली को नहीं लाए थे मंजरबाबू

फिर एक दिन वो हमपेशा साहबान
अकेले में स्वर धीमा करके बोले थे :
देखिए साहब, हमारे बच्चे अभी छोटे हैं
होगा मोतिया आपका लाड़ला
लेकिन खतरनाक जानवर है न !
यह हमारे बच्चों की जूजी न काट खाए
नहीं साहब, इसे हटाइए यहाँ से !…
फिर हुआ यही विचार, कुछ दिनों की छुट्टी लेकर
मंजरबाबू सीधे नवादा पहुँचे
इकलौती बिटिया वाले सास-ससुर को मना-मुनूकर
अपनी बेगम साहबा को बक्सर ले आए
यानी कि इस मोतिया की खातिर
मंजर साहब उन हमपेशा साहबान के यहाँ से
खुद ही हट गए ! हाँ, जानवर तो जानवर ठहरा न !
गुफ़्तगू में मंजरबाबू ने यह सब बतलाया उस रोज…
तो जाहिर है कि मंजर साहब का क्वार्टर
मोतिया का वह अपना ही क्वार्टर है ।

यह लीजिए
ठीक 3.22 पर, 'खन्न' की आवाज़ हुई
छोटी केतली का ढक्कन मीट-शेफ से नीचे गिरा है
ज़रूर ही मोतिया की करतूत है
दूध की गंध पाकर वह मीट-शेफ के माथे पर
पहुँच गया है लगा के छलाँग
ढक्कन खोलने की कोशिश में
केतली फर्श पर गिरा दी है
अखलाक के 'सुपुत्र' ने
आखिर आधा चम्मच दूध तो उसे मिला ही होगा
मगर फिर इत्ती रात मोतिया भागकर गया किधर ?
देखूँ तो अपनी मसहरी से बाहर निकलकर…
(लालटेन को अंदर रखकर लिखना-पढ़ना होता है न !)
क्या पता, बिल्ली की कारगुजारी हो !

वो भी तो दूध की चटोरी होती है···
अकेले क्या मोतिया ही दूध का शौक़ीन है यहाँ ?

ओह, अब मैं क्या बतलाऊँ आपसे !
सचमुच यह मोतिया ही था
फर्श पर केतली गिराकर वही भागा है–
हाँ, वो सचमुच ही गायब है–
अखलाक की मसहरी के कोने में
सिरहाने की तरफ दुबककर
अभी-अभी वो किस तरह सोया पड़ा था !
गुड़ी-मुड़ी होकर, दुबककर गहरी नींद में कैसे सोया था।
आवारा कहीं का···
अभी-अभी ग्यारह बजे, जब हम दूध ले रहे थे
अखलाक ने पुलकित स्वरों में कहा :
'बाबा, अब यह सारी रात इसी तरह सोएगा
कहीं नहीं जाएगा यहाँ से···'
मैंने अखलाकवाली लालटेन की बत्ती खूब तेज कर दी
कि शायद मोतिया नींद की खुमारी में उठा हो
और पहलू बदलकर पायताने की तरफ जा लेटा हो
नहीं, वो सचमुच निकल गया है
अखलाक मसहरी के अंदर अकेला है–
लो बेटे, तुम्हारा सुपुत्र चुपचाप खिसक गया न !
अब वो कई रोज बाद तुम्हारी सुध लेगा।
अरे वाह, वाह रे जमूरे, वाह !
तू वापस कब लौटा पाजी ?
फिर दुबक गया अखलाक के कंबल में !
क्यों न हो, चार बजे हैं तो रात नहीं भीगेगी ?
बसंत-शेष जो ठहरा यह मौसम···
हवा में कैसी खुनकी है।
रात के चौथे पहर का ठंडा पवन –
'गुलाबी जाड़ा' तो भला कौन कहेगा इसे ?
नहीं, नहीं, अब मैं फिर लालटेन की बत्ती तेज नहीं करूँगा···

तेरी पूँछ तो साफ-साफ दिखाई दे गई है मुझे!
लेकिन, मोतिया, तू वापस कब लौटा?
अरे वाह, वाह रे जमूरे, वाह!
तेरे नेचर का पूरा-पूरा पता कहाँ लगा सका हूँ अब तक–
अखलाक नौ महीनों से तुझे जानता है
मुझे तो यहाँ एक सौ दस ही रोज हुए हैं न?
मैं नहीं परिचित हो सका हूँ उतना तुझ से।
लेकिन हाँ, अब भाग मत जइयो सवेरे-सवेरे
आज तेरे को मैं मछली खिलाऊँगा
एक नहीं, दो दिलाऊँगा… हाँ, रे जमूरे, हाँ!
देखना, सुबह-सुबह भाग नहीं जाना अब!
खीर तो खैर दुपहर बाद रोज पकती है
मगर आज भी मुंद्रिका मछलियाँ जरूर लाएगा
कल भी लाया था, वह अक्सर लाता है मछलियाँ

ताजा गोश्त का लाल टुकड़ा
मजबूत सुतरी के छोर में बँधा है
फर्श से ढाई-तीन फुट ऊपर लटकाए
अखलाक ने वो सुतरी ऊँचे थाम रक्खी है…
मोतिया बार-बार छलाँग लगा रहा है
लपक रहा है बार-बार गोश्त के टुकड़े की ओर
पूरी ताकत लगाकर उछल रहा है
गुस्से में चीख रहा है… किर्र… किर्र… किर्र!
उबाल खाकर कुलाँचें भर रहा है बार-बार
बीच-बीच में ज़रा-सी देर के लिए
बस, लम्हे-भर के लिए
पल-भर के लिए यानी दस-पाँच सैकंड के लिए
मोतिया दम मार लेता है
फिर पूरी ताकत लगाकर
लपकता है गोश्त के टुकड़े की ओर
मगर वो कामयाब कहाँ हुआ?
यह खेल क्या देर तक चलता रहेगा?

नहीं, अब खत्म होगा शो···
तमाशबीन अपनी-अपनी राह धरेंगे
मोतिया गोश्त का टुकड़ा, सुतरी सहित, लेकर
उधर रातरानी के झाड़ की ओट में जा बैठेगा
लीजिए, आख़िर उसने लपक ही लिया
पकड़ इतनी पक्की है कि वो खुद ही टँग गया है
बड़ी मजबूती से लटका है मोतिया अधर में
गोश्त के टुकड़े में गड़े हैं उसके दाँत
वो हवा में झूल रहा है
उस्ताद और जमूरे की यह नटबाजी
ढेर सारे लोगों का ध्यान अपनी तरफ खींच चुकी है···

बीच में हमने यह भी देखा, कि
उछल-कूद में विफल होकर
वह अपने उस्ताद के कंधे पर चढ़ गया
(ठीक इसी तरह जामुन के पेड़ पर चढ़ता है गोह
छिपकली की टोह में, चुपचाप, लेकिन फुर्ती से)
कंधे से बाँह पर, या वापस फिर कमर पर
पोजीशन जमाकर उसने गर्दन लंबी कर ली
इस तरह बीच में ही गोश्तवाली सुतरी को
हड़प लेने की कोशिश कर रहा था मोतिया

आखिर परेशान वो गरीब
फर्श पर दम लेने की खातिर लेट गया
उछल-कूद के, अपने पैंतरे सहेजकर
(स्पंदनशून्य, चेष्टाविहीन उसकी वो भूमिका
किसी सिद्ध हठयोगी की शवाऽऽसनवाली मुद्रा थी क्या !)
हमने मान लिया : मोतिया थककर लस्त-पस्त हो चुका है···
अखलाक, इस पर रहम करो
अब बेचारे को ज्यादा न सताओ
गोश्त का टुकड़ा इसके हवाले कर दो
नहीं, नहीं, अब यह खेल खत्म हुआ···

1955

फिर यक-ब-यक जमूरे ने ऊँची छलाँग लगा दी
'हाई-जंप' के अपने पिछले रिकार्ड तोड़ गया
मय सुतरी के, गोश्त का वो टुकड़ा उसने झटक लिया था
हमारे लाड़ले अखलाक बाबू सौ फीसदी धोखा खा गए थे
उस रोज उनका पालतू 'सुपुत्र' उनसे 20-निकला आख़िर

1976

मुर्गे ने दी बाँग

2.50 (दो-पचास) पे मुर्गे ने दी बाँग
दड़बे में है बंद
मगर आवाज है बुलंद
वह ठीक 5 बजे बंद कर दिया गया था
खैर, सात बजे तक तो सो ही गया होगा
तो क्या वो सात-साढ़े सात घंटा सोया ही रहा ?
नहीं, कुछ वक्त उसने चोंच भी सहलाई होगी
प्रणयिनी की गर्दन को खुजलाया हो शायद
दड़बे के अंदर भला उन्हें स्वच्छंद क्रीड़ा के अवसर तो
क्या मिले होंगे !

तो, यह सुर्ख मुर्ग ठीक वक्त पे बाँग दे रहा है न ?
कल रात उसने ठीक ढाई बजे बाँग दी थी
और परसों रात ठीक तीन बजे
तो, अलार्म की घड़ी ठहरा न यह !
यह मुर्ग नहीं, अलार्म घड़ी है जेल की···
वाकई ! वाकई···

1976

ध्यानमग्न वक-शिरोमणि

ध्यानमग्न
वक-शिरोमणि
पतली टाँगों के सहारे
जमे हैं झील के किनारे
जाने कौन हैं 'इष्टदेव' आपके !

'इष्टदेव' हैं आपके
चपल-चटुल लघु-लघु मछलियाँ···
चाँदी-सी चमकती मछलियाँ···
फिसलनशील, सुपाच्य···
सवेरे-सवेरे आप
ले चुके हैं दो बार !
अपना अल्पाऽऽहार !
आ रहे हैं जाने कब से
चिंतनमध्य मत्स्य-शिशु
भगवान नीराकार !

मनाता हूँ मन ही मन,
सुलभ हो आपको अपना शिकार
तभी तो जमेगा
आपका माध्यंदिन आहार

अभी तो महोदय, आप
डटे रहो इसी प्रकार
झील के किनारे
अपने 'इष्ट' के ध्यान में !
अनोखा है
आपका ध्यान-योग !
महोदय, महामहिम ! !

1984

बाघ आया उस रात

वो इधर से निकला
उधर चला गयाऽऽ''
वो आँखें फैलाकर
बतला रहा था :
''हाँ बाबा, बाघ आया उस रात,
आप, रात को बाहर न निकलो !
जाने कब बाघ फिर से आ जाए !''

''हाँ वो हीऽऽ ! वो ही जो
उस झरना के पास रहता है
वहाँ अपन दिन के वक्त
गये थे न एक रोज ?
बाघ उधर ही तो रहता है !
बाबा, उसके दो बच्चे हैं
बाघिन सारा दिन पहरा देती है
बाघ या तो सोता है
या बच्चों से खेलता है...''

दूसरा बालक बोला–
''बाघ कहीं काम नहीं करता
न किसी दफ्तर में
न कालेज मेंऽऽ''
छोटू बोला–
''स्कूल में भी नहीं...''
पाँच-साला बेटू ने
हमें फिर से आगाह किया
''अब रात को बाहर होकर बाथरूम न जाना !'

1984

इन सलाखों से टिकाकर भाल

इन सलाखों से टिकाकर भाल
सोचता ही रहूँगा चिरकाल
और भी तो पकेंगे कुछ बाल
जाने किसकी / जाने किसकी
और भी तो गलेगी कुछ दाल
न टपकेगी कि उनकी राल
चाँद पूछेगा न दिल का हाल
सामने आकर करेगा वो न एक सवाल
मैं सलाखों में टिकाए भाल
सोचता ही रहूँगा चिरकाल

1976

क्रंदन भी भा सकता है

अपना न हो तो
क्रंदन भी
कानों को
भा सकता है···
स्वजन-परिजन,
चहेते पशु-पक्षी
निकटवर्ती बगिया के
फूलों पर मँडराते
सु-परिचित भ्रमर,
किसी का आर्तनाद
दुखा जाता है मेरा दिल···

बरसाती मौसम के निशीथ में
सुने मैंने हाल ही
उस गरीब के चीत्कार
साँप के जबड़ों में फँसा था वो
कर रहा था
चीत्कार निरंतर
मेढ़क बेचारा...
हमारी पड़ोसवाली
तलइया के किनारे
हाय राम, तुझे–
काल-कवलित होना था यहीं !

1984

उनको प्रणाम !

जो नहीं हो सके पूर्ण-काम
मैं उनको करता हूँ प्रणाम ।

कुछ कुंठित औ' कुछ लक्ष्य-भ्रष्ट
जिनके अभिमंत्रित तीर हुए;
रण की समाप्ति के पहले ही
जो वीर रिक्त तूणीर हुए !
–उनको प्रणाम !
जो छोटी-सी नैया लेकर
उतरे करने को उदधि-पार;
मन की मन में ही रही, स्वयं
हो गए उसी में निराकार !
–उनको प्रणाम !

जो उच्च शिखर की ओर बढ़े
रह-रह नव-नव उत्साह भरे;
पर कुछ ने ले ली हिम-समाधि
कुछ असफल ही नीचे उतरे!
—उनको प्रणाम!

एकाकी और अकिंचन हो
जो भू-परिक्रमा को निकले;
हो गए पंगु, प्रति-पद जिनके
इतने अदृष्ट के दाव चले!
—उनको प्रणाम!

कृत-कृत नहीं जो हो पाए;
प्रत्युत फाँसी पर गए झूल
कुछ ही दिन बीते हैं, फिर भी
यह दुनिया जिनको गई भूल!
—उनको प्रणाम!

थी उग्र साधना, पर जिनका
जीवन नाटक दुःखांत हुआ;
था जन्म-काल में सिंह लग्न
पर कुसमय ही देहांत हुआ!
—उनको प्रणाम!

दृढ़ व्रत औ' दुर्दम साहस के
जो उदाहरण थे मूर्ति-मंत;
पर निरवधि बंदी जीवन ने
जिनकी धुन का कर दिया अंत!
—उनको प्रणाम!

जिनकी सेवाएँ अतुलनीय
पर विज्ञापन से रहे दूर
प्रतिकूल परिस्थिति ने जिनके
कर दिए मनोरथ चूर-चूर!
—उनको प्रणाम!

1939

लू-शुन

दुर्दम, अनमनीय, क्रांतदर्शी !
छद्म वाम पर निरंतर वाणवर्षी !
अ-कपट बंधु तुम विश्व-सर्वहारा के !
अक्षय उत्स तुम जन-चेतन-धारा के !
करो अंगीकार प्रणतियाँ हमारी···
सहज-सरल लू-शुन व्यंग-वज्रधारी···

''कलम से काम लो गदा का, तमंचा का
ढीला न पड़े डोर प्रत्यंचा का
जहरीले साँपों पर दया नहीं करना
दुष्टों पर हमदर्दी के उसाँस नहीं भरना
कटखने कुत्तों पर रहमदिल न होना
भलमनसाहत में जान से हाथ मत धोना···''
इस तरह श्रमशील जनों को दे गए हो सीख···
क्यों कोई माँगे प्रभुओं से भद्रता की भीख !

1981

बर्तोल्त ब्रेख्त···

क्या नहीं है
इन घुच्ची आँखों में !
इन शातिर निगाहों में
मुझे तो बहुत कुछ
प्रतिफलित लग रहा है !
नफ़रत की धधकती भट्ठियाँ···
प्यार का अनूठा रसायन···

अपूर्व विक्षोभ···
जिज्ञासा की बाल-सुलभ ताज़गी···
ठगे जाने की प्रायोगिक सिधाई···
प्रवंचितों के प्रति अथाह ममता···
क्या नहीं झलक रही
इन घुच्ची आँखों से ?
हाय, हमें कोई बतलाए तो !
क्या नहीं है
इन घुच्ची आँखों में !

1984

बादल को घिरते देखा है

अमल धवल गिरि के शिखरों पर,
बादल को घिरते देखा है।
छोटे-छोटे मोती जैसे
उसके शीतल तुहिन कणों को,
मानसरोवर के उन स्वर्णिम
कमलों पर गिरते देखा है,
बादलों को घिरते देखा है।

तुंग हिमालय के कंधों पर
छोटी बड़ी कई झीलें हैं,
उनके श्यामल नील सलिल में
समतल देशों से आ-आकर
पावस की ऊमस से आकुल
तिक्त-मधुर बिसतंतु खोजते
हंसों को तिरते देखा है।
बादल को घिरते देखा है।

ऋतु वसंत का सुप्रभात था
मंद मंद था अनिल बह रहा
बालारुण की मृदु किरणें थीं
अगल-बगल स्वर्णाभ शिखर थे
एक दूसरे से विरहित हो
अलग-अलग रहकर ही जिनको
सारी रात बितानी होती,
निशा काल से चिर-अभिशापित
बेबस उस चकवा - चकई का
बंद हुआ क्रंदन, फिर उनमें
उस महान सरवर के तीरे
शैवालों की हरी दरी पर
प्रणय-कलह छिड़ते देखा है।
बादल को घिरते देखा है।

दुर्गम बर्फानी घाटी में
शत-सहस्र फुट ऊँचाई पर
अलख नाभि से उठनेवाले
निज के ही उन्मादक परिमल—
के पीछे धावित हो-होकर
तरल तरुण कस्तूरी मृग को
अपने पर चिढ़ते देखा है,
बादल को घिरते देखा है।

कहाँ गया धनपति कुबेर वह
कहाँ गई उसकी वह अलका
नहीं ठिकाना कालिदास के
व्योम-प्रवाही गंगाजल का,
ढूँढ़ा बहुत परंतु लगा क्या
मेघदूत का पता कहीं पर,
कौन बताए वह छायामय
बरस पड़ा होगा न यहीं पर,

जाने दो, वह कवि-कल्पित था,
मैंने तो भीषण जाड़ों में
नभ-चुंबी कैलाश शीर्ष पर,
महामेघ को झंझानिल से
गरज-गरज भिड़ते देखा है,
बादल को घिरते देखा है।

शत-शत निर्झर-निर्झरणी कल
मुखरित देवदारु कानन में,
शोणित धवल भोज पत्रों से
छाई हुई कुटी के भीतर,
रंग-बिरंगे और सुगंधित
फूलों से कुंतल को साजे,
इंद्रनील की माला डाले
शंख-सरीखे सुघड़ गलों में,
कानों में कुवलय लटकाए,
शतदल लाल कमल वेणी में,
रजत-रचित मणि खचित कलामय
पान पात्र द्राक्षासव पूरित
रखे सामने अपने-अपने
लोहित चंदन की त्रिपटी पर,
नरम निदाग बाल-कस्तूरी
मृगछालों पर पलथी मारे
मदिरारुण आँखों वाले उन
उन्मद किन्नर-किन्नरियों की
मृदुल मनोरम अंगुलियों को
वंशी पर फिरते देखा है,
बादल को घिरते देखा है।

1939

बरफ पड़ी है !

बरफ पड़ी है
सर्वश्वेत पार्वती प्रकृति निस्तब्ध खड़ी है
सजे सजाए बँगले होंगे
सौ दो सौ चाहे दो एक हजार
बस मुट्ठी भर लोगों द्वारा यह नगण्य श्रृंगार
देवदारुमय सहसबाहु चिर तरुण हिमांचल कर सकता है क्यों
कर अंगीकार।

चहल पहल का नाम नहीं है
बरफ-बरफ है काम नहीं है
दप-दप उजली साँप-सरीखी सरल और बंकिम भंगी में—
चली गई हैं दूर-दूर तक
नीचे-ऊपर बहुत दूर तक
सूनी-सूनी सड़कें
मैं जिस में ठहरा हूँ, वह भी छोटा-सा बँगला है—
पिछवाड़े का कमरा जिसमें एक मात्र जँगला है
सुबह-सुबह ही
मैंने इसको खोल लिया है
देख रहा हूँ, बरफ पड़ रही कैसे
बरस रहे हैं आसमान से धुनी रूई के फाहे
या कि विमानों में भर-भरकर यक्ष और किन्नर बरसाते
—कास कुसुम अविराम
ढँके जा रहे देवदार की हरियाली को अरे दूधिया झाग
ठिठुर रही उँगलियाँ मुझे तो याद रही आग
गरम-गरम ऊनी लिबास से लैस
देव देवियाँ देख रही होंगी अवश्य हिमपात—
शीशामढ़ी खिड़कियों के नजदीक बैठकर—
सिमटे सिकुड़े नौकर-चाकर चाय बनाते होंगे
'ब्रेकफास्ट' करते होंगे तैयार

ठंड कड़ी है
सर्वश्वेत पार्वती प्रकृति निस्तब्ध खड़ी है
बरफ पड़ी है

1949

ऋतु-संधि

प्रतीक्षा की
बहुत जोहा बाट
जेठ बीता, हुई वर्षा नहीं, नभ यों ही रहा खल्वाट
आज है आषाढ़ वदि षष्ठी
उठा था जोर का तूफान
उसके बाद
सघन काली घन घटा से
हो रहा आच्छन्न यह आकाश
आज होगी, सजनि, वर्षा—हो रहा विश्वास
हो रही है अवनि पुलकित, ले रही निःश्वास
किंतु अपने देश में तो
सुमुखि, वर्षा हुई होगी एक क्या, कै बार
गा रहे होंगे मुदित हो लोग खूब मलार
भर गई होगी अरे वह वाग्मति की धार
उगे होंगे पोखरों में कुमुद पद्म मखान
आँख मूँदे कर रहा मैं ध्यान
लिखूँ क्या प्रेयसि, यहाँ का हाल
सामने ही बह रही भगीरथी, बस यही है कल्याण
जिस किसी भी भाँति गर्मी से बचे हैं प्राण
आज उमड़ी घन घटा को देख
मन यही करता कि मैं भी, प्रियतमे, उसका करूँ आह्वान
—कालिदास समान

सामने सरपट पड़ा मैदान
है न हरियाली किसी भी ओर
तृण-लता-तरुहीन
नग्न प्रांतर देख
उठ रहा सिर में बड़ा ही दर्द
हरा धुँधला या कि नीला—
आ रहा चश्मा न कोई काम
किंतु मुझको हो रहा विश्वास
यहाँ भी बादल बरसने जा रहा है आज
अब न सिर में उठेगा फिर दर्द
लग रहा था आज प्रातःकाल पानी सर्द
गंगा नहाने वक्त
आया ख्याल
हिमालय में गल रही है बर्फ;
आज होगा ग्रीष्म ऋतु का अंत।

1948

मेघ बजे

धिन-धिन-धा धमक-धमक
मेघ बजे
दामिनि यह गई दमक
मेघ बजे
दादुर का कंठ खुला
मेघ बजे
धरती का हृदय धुला
मेघ बजे
पंक बना हरिचंदन

मेघ बजे
हलका है अभिनंदन
मेघ बजे
धिन-धिन-धा...

1964

घन-कुरंग

नभ में चौकड़ियाँ भरें भले
शिशु घन-कुरंग
खिलवाड़ देर तक करें भले
शिशु घन-कुरंग
लो, आपस में गुथ गए खूब
शिशु घन-कुरंग
लो, घटा जाल में गए डूब
शिशु घन-कुरंग
लो, बूँदें पड़ने लगीं, वाह
शिशु घन-कुरंग
लो, कब की सुधियाँ जगीं, आह
शिशु घन-कुरंग
पुंरवा सिहकी, फिर दीख गए
शिशु घन-कुरंग
शशि से शरमाना सीख गए
शिशु घन-कुरंग

1964

फूले कदंब

फूले कदंब
टहनी-टहनी में कंदुक सम झूले कदंब
फूले कदंब

सावन बीता
बादल का कोप नहीं रीता
जाने कब से वो बरस रहा
ललचाई आँखों से नाहक
जाने कब से तू तरस रहा
मन कहता है, छू ले कदंब
फूले कदंब
झूले कदंब

1964

अब के इस मौसम में

अब के इस मौसम में
कोयल आज बोली है
पहली बार!

टूसों को उमगे कई दिन हो गए
टेसू को सुलगे कई दिन हो गए
अलसी को फूले कई दिन हो गए
बौरों को महके कई दिन हो गए

झपटीं पछिया
दरक गए केलों के पात
लेते ही करवट
तेजाब की फुहारें
छिड़कने लगा सूरज
मुँह बा दिया कलियों ने
देखती रह गई निठुराई के खेल
चुपचाप कलमुही
भर गया जी
ज़ोरों से कूक पड़ी

अब के इस मौसम में
कोयल आज़ कूकी है
पहली बार

1961

बहुत दिनों के बाद

बहुत दिनों के बाद
अब की मैंने जी-भर देखी
पकी-सुनहली फसलों की मुसकान
—बहुत दिनों के बाद
बहुत दिनों के बाद
अब की मैं जी-भर सुन पाया
धान कूटती किशोरियों की कोकिल-कंठी तान
—बहुत दिनों के बाद

बहुत दिनों के बाद
अब की मैंने जी-भर सूँघे
मौलसिरी के ढेर-ढेर-से ताजे-टटके फूल
—बहुत दिनों के बाद

बहुत दिनो क बाद
अब की मैं जी-भर छू पाया
अपनी गँवई पगडंडी की चंदनवर्णी धूल
—बहुत दिनों के बाद

बहुत दिनों के बाद
अब की मैंने जी-भर तालमखाना खाया
गन्ने चूसे जी-भर
—बहुत दिनों के बाद

बहुत दिनों के बाद
अब की मैंने जी-भर भोगे
गंध-रूप-रस-शब्द-स्पर्श सब साथ-साथ इस भू पर
—बहुत दिनों के बाद

1959

मेरी भी आभा है इसमें

नए गगन में नया सूर्य जो चमक रहा है
यह विशाल भूखंड आज दो दमक रहा है
मेरी भी आभा है इसमें

भीनी-भीनी खुशबूवाले
रंग बिरंगे

यह जो इतने फूल खिले हैं
कल इनको मेरे प्राणों ने नहलाया था
कल इनको मेरे सपनों ने सहलाया था

पकी सुनहली फसलों से जो
अबकी यह खलिहान भर गया
मेरी रग-रग के शोणित की बूँदें इसमें मुसकाती हैं

नए गगन में नया सूर्य जो चमक रहा है
यह विशाल भूखंड आज जो दमक रहा है
मेरी भी आभा है इसमें

1961

फसल

एक के नहीं,
दो के नहीं,
ढेर सारी नदियों के पानी का जादू :
एक के नहीं,
दो के नहीं,
लाख-लाख कोटि-कोटि हाथों के स्पर्श की गरिमा :
एक की नहीं,
दो की नहीं,
हजार-हजार खेतों की मिट्टी का गुण धर्म :

फसल क्या है ?

और तो कुछ नहीं है वह
नदियों के पानी का जादू है वह
हाथों के स्पर्श की महिमा है
भूरी-काली-संदली मिट्टी का गुण धर्म है
रूपांतर है सूरज की किरणों का
सिमटा हुआ संकोच है हवा की थिरकन का !

1962

नीम की दो टहनियाँ

नीम की दो टहनियाँ
झाँकती हैं सीखचों के पार

यह कपूरी धूप
शिशिर की यह दुपहरी, यह प्रकृति का उल्लास
रोम-रोम बुझा लेगा ताजगी की प्यास

रात-भर जगती रही
खटती रही
अब कर रही आराम
गाढ़ी नींद का आश्वास भर अब मौन से लिपटा हुआ है
—बेखबर सोई हुई है छापने की यह विराट मशीन
उधर मुँह बाये पेड़ हैं टाइपों के मलिन-धूसर केस
पर, इधर तो झाँकती हैं दो सलोनी टहनियाँ
सीखचों के पार

1956

सिके हुए दो भुट्टे

सिके हुए दो भुट्टे सामने आए
तबीयत खिल गई
ताज़ा स्वाद मिला दूधिया दानों का
तबीयत खिल गई
दाँतों की मौजदूगी का सुफल मिला
तबीयत खिल गई

अखिलेश ने अपनी मेहनत से
इन पौधों को उगाया था
वार्ड नंबर 10 के पीछे की क्यारियों में
वार्ड नंबर 10 के आगे की क्यारियों में
ढाई महीने पहले की अखिलेश की खेती
इन दिनों अब जाने किस-किसको पहुँचा रही है सुख
बीसियों जने आज अखिलेश को दुआ दे रहे हैं
सिके हुए भुट्टों का स्वाद ले रहे हैं–
डिस्ट्रिक्ट जेल की चहरदीवारियों के अंदर
इन क्यारियों में अखिलेश अब सब्जियाँ उगाएगा
वह किसी मौसम में इन्हें खाली नहीं रहने देगा
श्रम का अपना सु-फल वो
जाने किस-किसको चखाएगा
वो अपना मन ताश और शतरंज में नहीं लगाएगा
हममें से जो बातूनी और कल्पना-प्रवण हैं
वे भी अखिलेश की फलित मेधा को लोहा मानते हैं–
मन-ही-मन प्रणत हैं वे अखिलेश की उद्यमशीलता के प्रति
पसीना-पसीना हो जाते हैं तरुण
लगाते-लगाते संपूर्ण क्रांति के नारें
फूल-फूल जाती हैं गर्दनों की नसें...
काश वे भी जेल के पिछवाड़े क्यारियों में
कुछ-न-कुछ उपजा के चले जाएँ
भले, दूसरे ही उनकी उपज के फल पाएँ!

1975

फिसल रही चाँदनी

पीपल के पत्तों पर फिसल रही चाँदनी
नालियों में भीगे हुए पेट पर, पास ही
जम रही, घुल रही, पिघल रही चाँदनी
पिछवाड़े बोतल के टुकड़ों पर—
चमक रही, दमक रही, मचल रही चाँदनी

आँगन में, दूबों पर गिर पड़ी—
अब मगर किस कदर सँभल रही चाँदनी
पिछवाड़े, बोतल के टुकड़ों पर
नाच रही, कूद रही, उछल रही चाँदनी
वो देखो, सामने
पीपल के पत्तों पर फिसल रही चाँदनी

1976

जान भर रहे हैं जंगल में

गीलो भादों
रैन अमावस...

कैसे ये नीलम उजास के
अच्छत छींट रहे जंगल में
कितना अद्‌भुत योगदान है
इनका भी वर्षा-मंगल में
लगता है ये ही जीतेंगे

शक्ति प्रदर्शन के दंगल में
लाख-लाख हैं, सौ हजार हैं
कौन गिनेगा, बेशुमार हैं
मिल-जुलकर दिप-दिप करते हैं
कौन कहेगा, जल मरते हैं···
जान भर रहे हैं जंगल में

जुगनू है ये स्वयं प्रकाशी
पल-पल भास्वर पल-पल नाशी
कैसा अद्भुत योगदान है
इनका भी वर्षा-मंगल में

इनकी विजय सुनिश्चित ही है
तिमिर तीर्थ वाले दंगल में
इन्हें न तुम 'बेचारे' कहना
अजी यही तो ज्योति-कीट हैं
जान भर रहे हैं जंगल में

गीली भादों
रैन अमावस···

1981

शिशिर की निशा

शिशिर की निशाऽऽऽ
धुंध में डूब गई
दिशा दिशा दिशाऽऽऽ

भुरभुरी जमीन
गरम हैं सियारों की माँद
खँडहर के कोने में
घुग्घू गया फाँद

नखत हुए उदास
खाँसता है चाँद
गगन के बीचों-बीच
हाँफता है चाँद
शिशिर की निशा SSS

1981

पिछली रात

पिछली रात,
ठीक 3.22 पर एक हादसा हुआ...
मई-जून की वो भरी-पूरी झेलम
नील-निर्मल प्रवाहोंवाली वो "वितस्ता"*
मेरे ऊपर से होकर गुजरी–पिछली रात!
लगातार–आधा घंटा तक, नहीं 45 मिनट लगे होंगे!
–प्रवाहित होती रही मुझ पर से
मैं लेटा रहा, निमीलित-नेत्र...
मन-ही-मन जागरूक, मोद-मग्न...
आशीष की मुद्रा में मेरे होठ हिलते रहे
जी हाँ, झेलम को हड़बड़ी थी–
वो सिंध से मिलने जा रही थी, सीमा-पार जाना था उसे!
उसे हड़बड़ी थी...

1982

*झेलम का पौराणिक नाम

भर रहा है चमक…

दमक रहे हैं
बालों के गुच्छे
सुनहले-सफ़ेद…
अविराम वृष्टि का यह मध्यांतर
दे रहा है अवसर
छिपे हुए सूरज को
कि
निचली घाटियों को करे निहाल

कि
चमकाए
धान के मृदु-हरित नवांकुरों को
सीढ़ीनुमा खेतों में

कि
भरे अधिकाधिक जीवन-रस
कच्ची नासपातियों के अंदर

किं, दमदार बनें
भुट्टों के दूधिया दाने…
फ़िलहाल तो प्रकाश का यह देवता
पहाड़ी बरसात का सहमा-सहमा यह सूरज
भर रहा है रंग कर्म की चमक
मकई के पौधों में…

लो, वह चमक रहा है
सुनहले-सफेद बालों के गुच्छे
लो, वह ओझल हुआ

घिर आया कोहरा
छा गया कोहरा।

1983

पैने दाँतोंवाली

धूप में पसरकर लेटी है
मोटी-तगड़ी, अधेड़, मादा सूअर...

जमना-किनारे
मखमली दूबों पर
पूस की गुनगुनी धूप में
पसरकर लेटी है
यह भी तो मादरे हिंद की बेटी है
भरे-पूरे बारह थनोंवाली!

लेकिन अभी इस वक्त
छौनों को पिला रही है दूध
मन-मिजाज ठीक है
कर रही है आराम
अखरती नहीं है भरे-पूरे थनों की खींच-तान
दुधमुँहे छौनों की रग-रग में
मचल रही है आखिर माँ की ही तो जान!

जमना-किनारे
मखमली दूबों पर
पसरकर लेटी है
यह भी तो मादरे हिंद की बेटी है!
पैने दाँतोंवाली...

1973

काले-काले

काले-काले ऋतु-रंग
काली-काली घन-घटा
काले-काले गिरि श्रृंग
काली-काली छवि-छटा···
काले-काले परिवेश
काली-काली करतूत

काली-काली करतूत
काले-काले परिवेश
काली-काली महँगाई
काले-काले अध्यादेश

1981

बच्चा चिनार

बच्चा चिनार
उदास है···
उसने इनकार कर दिया
बढ़ने से
अपने बुजुर्गों का चिर जीवन
बच्चा चिनार पसंद नहीं करता
उसने सामने खड़े
बच्चा चीड़ से पूछा—
"क्या सोच रहा है तू ?"
बच्चा चीड़ हुलसकर बोला

''मगज खपाने का काम
हमारे बुजुर्ग करेंगे।
अपन तो रत्ती-भर पर्वाह नहीं करते
किसी बात की, कतई नहीं!
बिलकुल नहीं!!
हाँ प्यारे, उधर तो सुन!
आदमजाद बच्चों की
किलकारियाँ तो सुन!!
मुन्ने भी हैं
मुन्नियाँ भी हैं
पहाड़ी नहीं, मैदानी हैं वे···
पंजाबी हैं, मराठे हैं, बंगाली हैं
आपस में जाने क्या कह-सुन रहे हैं।''
बच्चा चिनार झूमकर बोला–
''इनके बुजुर्ग साथ नहीं आए!''
''नहीं''–बच्चा चीड़ बोला, आहिस्ते
''हाँ, दो ही तो थे···
दोनों ही मानतलाई गए होंगे
वहाँ एक हरियाणवी गाय
फ्रिजवाली घास खाती है–
और 45 लीटर दूध देती है रोज
दोनों बुजुर्ग
हरियाणवी गाय के खुरों की पवित्र धूल
सर-माथे लगाएँगे
और, जम्मू वापस आ जाएँगे!
और तब तक ये भी हमारी घाटी छोड़ चुके होंगे!''
गंभीर होकर कहा बच्चा चिनार ने–
''अच्छा हुआ अल्पजीवी मैदानी बुजुर्ग इधर नहीं आए
वर्ना हमारे चिरजीवी बुजुर्गों का गुमान
दस गुना बढ़ जाता!''

1982

सोनिया समंदर

सोनिया संमदर
सामने
लहराता है
जहाँ तक नजर जाती है,
सोनिया समंदर !

बिछा है मैदान में
सोना ही सोना
सोना ही सोना
सोना ही सोना

गेहूँ की पकी फसलें तैयार हैं—
बुला रही हैं
खेतिहरों को
…"ले चलो हमें
खलिहान में—
घर की लक्ष्मी के
हवाले करो
ले चलो यहाँ से"

बुला रही हैं
गेहूँ की तैयार फसलें
अपने-अपने कृषकों को…

1983

हिम-शुभ्र पठारों पे रहा है

महाप्रभु,
उतरा है तुम्हारा वाहन…
हिम-शुभ्र पठारों पे रहा है…
अब आया है विचरण करने
गंगा-तटवर्ती मैदानों में…
महाप्रभु,
भगतों की भीड़ है
भगतिनों का मेला है…
गोबर और जुगालियों के झाग
—सबकुछ महनीय होंगे
—सबकुछ विज्ञप्ति-योग्य
शतायु हो तुम्हारा यह वाहन !
तरुण-तरुणियाँ निराश हों तो हों
वयस्क प्रसन्न रहें इससे !
महाप्रभु ! !

1983

डियर तोताराम

उल्टा लटककर
वो कुतर रहा है नासपाती
दस का यह गुच्छा ही
इसे जाने क्यों भाया ?
लीजिए, हमारी आहट पाकर

वो उड़ गया…
पहाड़ी तोता…

जरूर ही वो बार-बार
नासपाती का जायका लेने आएगा
बार-बार उल्टा लटकेगा
दस की छौद में से तब
एक नासपाती टूट के नीचे गिरेगा
फिर दूसरे-तीसरे नासपाती का
नंबर आएगा
नहीं भी आए शायद !
इन घनी टहनियों में
उल्टा लटकना आसान होगा शायद !
किंतु,
घनी-पतली टहनियों में
उल्टा लटकने की सुविधा तो
तोते को दूसरे-तीसरे ठिकानों पर भी
मिलेगी
जहरीखाल में नासपाती का
क्या एक यही पेड़ है ?
मियाँ मिट्‌ठू,
(महोदय आत्माराम,)
आप तो नाहक ही
हमारे पैरों की आहट से भड़क गए !
भला, य' भी कोई बात हुई !
आइए, इत्मीनान से
इन टहनियों में उल्टा लटकिए !
मौसम की ताजगी का स्वाद लीजिए !
लेकिन आप तो भई,
'गृह-पालित' नहीं, आजाद तोता थे ना ?

आइए, बेखटके आइए !
उल्टा लटकिए,
हमारा मनोरंजन कीजिए !
प्लीज़, डियर तोताराम !

1984

यह तो वो नहीं है

यह तो वो नहीं है !
क्या मैं रोज़ यहीं बैठता था ?
क्या नाशपाती का वही पेड़ है यह ?
मैं ऐसे भला क्यों मान लूँ !
क्या हम इसी की छाँह में
विगत ग्रीष्म के
मध्याहन गुजारते थे—
सफ़री पलँग पर लेटकर
क्या हम यहीं बैठते थे
मूँज की रस्सियोंवाले मोढ़े पर ?
ढाई-सालवाले उस शिशु से
मैंने यहीं तो दोस्ती गाँठी थी ?
उसका नाम 'अ' से था न ?
फलवाली प्रजाति का यह तरुण तरु
आज मुझे बिल्कुल नया-नया लगता है,
ताम्रवर्णी पत्तियोंवाली टहनियाँ
चाँदी के फूलों से ढक गई हैं,
लगता ही नहीं कि यह वही पेड़ है !
पिछले साल, जब हमने
इससे विदाई ली थी,

यह हजार-हजार फलों से लद रहा था
रसीले-खटमिट्ठे फलों से !
अभी तो पट्ठा
सफ़ेद फूलों से पटा पड़ा है
लगता ही नहीं कि वही है
लेकिन हाँ,
उस शिशु की प्रसन्न आँखों का साक्ष्य
इस समय
हमारे काव्य-सखा को
अनायास प्राप्त हो गया है
खुशियाँ छलकानेवाली
अपनी प्रसन्न दृष्टियों से
'अ' बतला रहा है–
''बाबा, अब आप
यहीं तो बैठोगे !
यहीं तो लेटोगे !
पापा जब नहीं होंगे
तब मैं ही आपका साथ दूँगा !''

1984

फुहारोंवाली बारिश

जाने, किधर से
चुपचाप आकर
हाथी सामने लेट गए हैं,
जाने किधर से
चुपचाप आकर
हाथी सामने बैठ गए हैं !

पहाड़ों-जैसे
अति विशाल आयतनोंवाले
पाँच-सात हाथी
सामने—बिल्कुल निकट
जम गए हैं
इनका परिमंडल
हमें बार-बार ललचाता रहेगा
छिड़ने-छेड़ने के लिए
सदैव बुलावा देता रहेगा !

लो, ये गिरि-कुंजर
और भी विशाल होने लगे !
लो, ये दूर हट गए,
लो, ये और भी पास आ रहे,
लो, इनका लीलाधरी रूप
और भी फैलता जा रहा,
लेकिन, ये गुमसुम क्यों हैं ?
अरे, इन्होंने तो
ढक लिया अपने आपको
हल्की-पतली पारदर्शी चादरों से
झीने-झीने, 'लूज'
झीनी-झीनी, लूज बिनावटवाली
वो मटमैली ओढ़नी
बादलों को ढक लेगी अब
अब फुहारोंवाली बारिश होगी
बड़ी-बड़ी बूँदें तो यह
शायद कल बरसेंगे···
शायद परसों···
शायद हफ़्ता बाद···

1984

शायद कोहरे में न भी दीखे

वो गया
वो गया
बिल्कुल ही चला गया
पहाड़ की ओट में

लाल-लाल गोला सूरज का
शायद सुबह-सुबह
दीख जाए पूरब में
शायद कोहरे में न भी दीखे !
फिलहाल वो
डूबता-डूबता दीख गया !
दिनांत का आरक्त भास्कर
जेठ के उजले पाख की नौवीं साँझ
पसारेगी अपना आँचल अभी-अभी
हिम्मत न होगी तमिस्रा को
धरती पर झाँकने की !
सहमी-सहमी-सी वो प्रतीक्षा करेगी
उधर, उस ओर
खँडहर की ओट में !
जी हाँ, परित्यक्त राजधानी के
खँडहरोंवाले उन उदास झुरमुटों में
तमिस्रा करेगी इंतजार
दो बजे रात तक
यानी तिथिक्रम के हिसाब से
आधी धुली चाँदनी
तब तक खिली रहेगी
फिर, तमिस्रा का नंबर आएगा !
यानी, अंधकार का !

1984

बादल भिगो गए रातोरात

मानसून उतरा है
जहरीखाल की पहाड़ियों पर

बादल भिगो गए रातोरात
सलेटी छतों के
कच्चे-पक्के घरों को
प्रमुदित हैं गिरिजन

सोंधी भाफ छोड़ रहे हैं
सीढ़ियों की
ज्यामितिक आकृतियों में
फैले हुए खेत
दूर-दूर...
दूर-दूर
दीख रहे इधर-उधर
डाँड़े की दोनों ओर
दावानल-दग्ध वनांचल
कहीं-कहीं डाल रहीं व्यवधान
चीड़ों की झुलसी पत्तियाँ
मौसम का पहला वरदान
इन तक भी पहुँचा है

जहरीखाल पर
उतरा है मानसून
भिगो गया है
रातोरात सबको
इनको
उनको
हमको

आपको
मौसम का पहला वरदान
पहुँचा है सभी तक···

1984

मन करता है···

मन करता है :
नंगा होकर कुछ घंटों तक सागर-तट पर मैं खड़ा रहूँ
यों भी क्या कपड़ा मिलता है ?
धनपतियों की ऐसी लीला !

मन करता है:
नंगा होकर दूँ आग लगा, जो पहन रखा है उसमें भी
फिर बनूँ दिगंबर बंभोला
नंगा होकर विषपान करूँ सागर-तट पर—
ओ कालकूट तू कहाँ गया ?
ओ हालाहल तू कहाँ गया ?
अमृत की बात नहीं पूछो,
विष तक की बूँद नहीं मिलती
देवता हुए निर्लज्ज, सभी को छिपा दिया।
कहते, जाओ, उनसे माँगो
जो क्षीर उदधि में शेषनाग की शैया पर कर रहे शयन।
भंडार हमारा खाली है :
भगवान सभी के मालिक हैं :
लाचारी है, कुछ भी हम तुमको दे न सके !

मन करता है :
मैं नंगा होकर चिल्लाऊँ
मैं ज़ोर-ज़ोर से चिल्लाऊँ
यदि मरा न होगा सुन लेगा भगवान विष्णु सागरशायी
मन करता है :
मैं उस अगस्त्य-सा पी डालूँ सारे समुद्र को अंजलि से
उस अतल-वितल में तब मुझको
मुर्दा भगवान दिखाई दे
उस महामृतक को ले आऊँ फिर इस तट पर
अंत्येष्टि करूँ; लकड़ी तो बेहद महँगी है
इस बालू में दफ़ना दूँ
नंगा करके
निर्लज्ज देवता-गण, ले लेना तुम उसका भी पीतांबर
अनमोल रेशमी पीतांबर !
छिप-छिप उसको पहने सुरेश
छिप-छिप उसको पहने कुबेर
छिप-छिप उसको पहनो फिर तुम सब एक-एक कर बार-बार

मन करता है :
नंगा होकर मैं खड़ा रहूँ सागर-तट पर
कुछ घंटों तक क्या, जीवन-भर
नंगा होकर—
यों भी क्या कपड़ा मिलता है !

1945

भुस का पुतला

फैला कर टाँग
उठा कर बाहें
अकड़ कर खड़ा है भुस-भरा पुतला
कर रहा है निगरानी
ककड़ी-तरबूज की
खीरा-खरबूज की
सो रहा होगा अपाहिज मालिक घर में निश्चित हो

खेत के नजदीक
कोई मत जाना
हाथ मत लगाना
प्राण जो प्रिय है तो
भुस का पुतला खाँस रहा खो खो खो

सबेरे सबेरे
गया था डोल डाल
खेत की हिफाजत का देखा जब यह हाल
हँस पड़ा भभाकर मैं
यह भागी लोमड़ी
वह भागी लोमड़ी
सर-सर-सर-सर, खर-खर-खर-खर
दूर का फासला चट गई पार कर
अकेले हँसा मैं ठहाका मारकर
मेरे कहकहे पर हो गया नाराज
फटे-पुराने कुर्ते से ढका
भुस का पुतला
दप-दप उजला

स्वर्ग था ऊपर, नीचे था पाताल
अपच के मारे बुरा था हाल
दिल-दिमाग भुस के, खद्दर की थी खाल

1948

प्रेत का बयान

''ओ रे प्रेत–''
कड़क कर बोले नरक के मालिक यमराज
–''सच सच बतला !''
कैसे मरा तू ?
भूख से, अकाल से ?
बुखार कालाजार से ?
पेचिस बदहजमी, प्लेग महामारी से ?
कैसे मरा तू, सच सच बतला।''

खड़-खड़-खड़-खड़, हड़-हड़-हड़-हड़
काँपा कुछ हाड़ों का मानवीय ढाँचा
मचाकर लंबी चमचों-सा पंचगुरा हाथ
रूखी-पतली किट-किट आवाज में
प्रेत ने जवाब दिया–
''महाराज !
सच सच कहूँगा
झूठ नहीं बोलूँगा

नागरिक हैं हम स्वाधीन भारत के...
पूर्णिया जिला है, सूबा बिहार के सीवान पर
थाना धमदाहा, बस्ती रुपउली
जाति का कायथ
उमर है लगभग पचपन साल की
पेशा से प्राइमरी स्कूल का मास्टर था
तनखा थी तीस, सो भी नहीं मिली
मुश्किल से काटे हैं
एक नहीं, दो नहीं, नौ-नौ महीने !
घरनी थी, माँ थी, बच्चे थे चार
आ चुके हैं वे भी दया सागर करुणा के अवतार
आपकी ही छाया में !
मैं ही था बाकी
क्योंकि करमी की पत्तियाँ अभी कुछ शेष थीं
हमारे अपने पुश्तैनी पोखर में
मनोबल शेष था, सूखे शरीर में..."
"अरे वाह–"
भभाकर हँस पड़ा नरक का राजा
दमक उठीं झालरें कंपमान सिर के मुकुट की
फर्श पर ठोककर सुनहला लौह दंड
अविश्वास की हँसी हँसा दंडपाणि महाकाल
"–बड़े अच्छे मास्टर हो :
आए हो मुझको भी पढ़ाने ! !
मैं भी तो बच्चा हूँ...
वाह भाई वाह !
तो तुम भूख से नहीं मरे ?"
हद से ज्यादा डालकर जोर
होकर कठोर
प्रेत फिर बोला
"अचरज की बात है
यकीन नहीं आता है मेरी बात पर आपको ?
कीजिए न कीजिए आप चाहे विश्वास

साक्षी है धरती, साक्षी है आकाश
और और और भले व्याधियाँ हों भारत में··· किंतु···"
उठाकर दोनों बाँह
किट-किट करने लगा जोरों से प्रेत
–"किंतु भूख या क्षुधा नाम हो जिसका
ऐसा किसी व्याधि का पता नहीं हमको
सावधान महाराज
नाम नहीं लीजिएगा
हमारे सामने फिर कभी भूख का"
निकल गया भाफ आवेग का
शांत स्तिमित स्वर में प्रेत फिर बोला–
"जहाँ तक मेरी अपनी बात है
तनिक भी पीर नहीं
दुख नहीं, दुविधा नहीं
सरलतापूर्वक निकले थे प्राण
सह नहीं सकी आँत जब पेचिश का हमला···"
सुनकर दहाड़
स्वाधीन भारतीय प्राइमरी स्कूल के
भुखमरे स्वाभिमानी सुशिक्षित प्रेत की
रह गए निरुत्तर
महामहिम नरकेश्वर!!

1949

नया तरीक़ा

दो हज़ार मन गेहूँ आया दस गाँवों के नाम
राधे चक्कर लगा काटने, सुबह हो गई शाम

सौदा पटा बड़ी मुश्किल से, पिघले नेताराम
पूजा पाकर साध गए चुप्पी हाकिम-हुक्काम
भारत-सेवक जी को था अपनी सेवा से काम
खुला चोर बाजार, बढ़ा चोकर चूनी का दाम
भीतर झुरा गई ठठरी, बाहर झुलसी चाम
भूखी जनता की ख़ातिर आज़ादी हुई हराम

नया तरीक़ा अपनाया है राधे ने इस साल
बैलों वाले पोस्टर साटे, चमक उठी दीवाल
नीचे से लेकर ऊपर तक समझ गया सब हाल
सरकारी गल्ला चुपके से भेज रहा नेपाल
अंदर टँगे पड़े हैं गाँधी-तिलक-जवाहरलाल
चिकना तन, चिकना पहनावा, चिकने-चिकने गाल
चिकनी क़िस्मत, चिकना पेशा, मार रहा है माल
नया तरीक़ा अपनाया है राधे ने इस साल

1953

बाकी बच गया अंडा

पाँच पूत भारतमाता के, दुश्मन था खूँख़ार
गोली खाकर एक मर गया, बाक़ी रह गए चार
चार पूत भारतमाता के, चारों चतुर-प्रवीन
देश-निकाला मिला एक को, बाक़ी रह गए तीन
तीन पूत भारतमाता के, लड़ने लग गए वो
अलग हो गया उधर एक, अब बाक़ी बच गए दो
दो बेटे भारतमाता के, छोड़ पुरानी टेक
चिपक गया है एक गद्दी से, बाकी बच गया एक
एक पूत भारतमाता का, कंधे पर है झंडा
पुलिस पकड़ के जेल ले गई, बाक़ी बच गया अंडा

1950

अकाल और उसके बाद

कई दिनों तक चूल्हा रोया, चक्की रही उदास
कई दिनों तक कानी कुतिया सोई उनके पास
कई दिनों तक लगी भीत पर छिपकलियों की गश्त
कई दिनों तक चूहों की भी हालत रही शिकस्त।

दाने आए घर के अंदर कई दिनों के बाद
धुआँ उठा आँगन से ऊपर कई दिनों के बाद
चमक उठी घर भर की आँखें कई दिनों के बाद
कौए ने खुजलाई पाँखें कई दिनों के बाद।

1952

मास्टर!

घुन-खाए शहतीरों पर की बाराखड़ी विधाता बाँचे
कटी भीत है, छत चूती है, आले पर बिसतुइया नाचे
बरसाकर बेबस बच्चों पर मिनट-मिनट में पाँच तमाचे
दुखरन मास्टर गढ़ते रहते किसी तरह आदम के साँचे

अरे, अभी उस रोज़ वहाँ पर सरे आम जक्शन-बाज़ार में
शिक्षा-मंत्री स्वयं पधारे चम-चम करती सजी कार में
ताने थे बंदूक सिपाही, खड़ी रहीं जीपें क़तार में
चटा गए धीरज का इमरित, सुना गए बातें उधार में
चार कोस से दौड़े आए जब मंत्री की सुनी अवाई
लड़कों ने बेले बरसाए, मास्टर ने माला पहनाई

संगीनों की घनी छाँव में हिली माल, मूरत मुसकाई
तंबू में घुस गए मिनिस्टर, मास्टर पर कुछ दया न आई

''अंदर जाकर तंबू में ही चलो चलें दुख दर्द सुनाएँ
नहीं, अकेला मैं ही जाऊँ, कहीं भीड़ में वह घबराएँ
बचपन के परिचित ठहरे, हम क्यों न चार बात कर आएँ
मौक़ा पाकर विद्यालय की बुरी दशा पर ध्यान दिलाएँ''
सुनकर बात गुरुजी की फिर ''हाँ, हाँ'' बोले लड़के सारे
''हम जब तक सुसता भी लेंगे आगे बढ़कर कुआँ किनारे''
हाथ हिलाकर मास्टर बोला, ''जाओ बच्चो, जाओ प्यारे
चने चबाकर पानी पीना, सूख रहे हैं हलक तुम्हारे''

खिचड़ी बाल, साँवली सूरत दुखरन प्राइमरी के मास्टर
लपके-लपके बढ़े आ रहे मैदानी हाते के भीतर
जहाँ तंबुओं की क़तार थी जिसमें पैठे रहे मिनिस्टर
चारों ओर मिलिटरी, जिसके लोहे का टोपा था सिर पर
पके बाँस का पक्का घेरा, हरे बाँस की कच्ची फाटक
पतला बाँस बीस गज़ ऊँचा गड़ा हुआ था पूरी धड़ तक
फर-फर-फर फहरानेवाला तिनरंगा था जिसका मस्तक
दुखरन मास्टर लगे देखने कांगरेस की शान एकटक

फाटक पर पहुँचे तो देखा, डटे हुए थे दो नेपाली
हाथों में संगीन सँभाले, लटक रही थी निजी भुजाली
''कहाँ जाएगा?'' वे गुर्राए, आँखों में उतराई लाली
दुखरन का दिल दुखी हुआ, सुन सूखा तू-तू सूखी गाली
मास्टर बोले, ''यों मत कहना, पढ़ा-लिखा हूँ, मैं हूँ शिक्षक
तुम भी हो जनता के सेवक, मैं भी हूँ जनता का सेवक''
फिर तो वे धकियाकर बोले ''भागभाग, जा मत कर बकबक
हम फ़ौजी हैं, नहीं समझते क्या होता है सिच्चक-सेपक''

कुछ दिन बीते मास्टर ने यह कड़ा विरोध-पत्र लिख डाला
''ताम-झाम थे प्रजातंत्र के, लटका था सामंती ताला

मंत्री जी, इतनी जल्दी क्या आजादी का पिटा दिवाला
अजी आपको उस दिन मैंने नाहक ही पहनाई माला"
और लिखा "उस रोज आपसे भीख माँगने नहीं गया था
आप नए थे, नया ठाठ था, लेकिन मैं तो नहीं नया था
भूल गए क्या अजी आपका छोटा भाई फेल हुआ था
और आपने मुझे जेल से मर्मस्पर्शी पत्र लिखा था

'प्रभुता पाइ काहि मद नाहीं' तुलसी बाबा भले कह गए
जिसमें वाजिद अली बह गया उसी बाढ़ में आप बह गए
आप बने शिक्षा-मंत्री तो देहातों के स्कूल ढह गए
हम तो करते रहे पढ़उनी, जेल न जाके यहीं रह गए
और आपका तो कहना क्या, मुँह से बहै आरत की धारा
आदर्शों की छौंक मारकर अजी आपने हमें सुधारा
उपदेशों की धुआँधार में अकुलाता शिक्षक बेचारा
अजी आपको लगता होगा सुखमय यह भूमंडल सारा"

लिखा अंत में "ध्यान दीजिए, बहुत दिनों से मिला न वेतन
किससे कहूँ, दिखाई पड़ते कहीं नहीं अब वे नेता-गण
पिछली दफ़े किया था हमने पटने में जा-जा के अनसन
स्वयं अर्थ-मंत्री जी निकले, वह दे गए हमें आश्वासन
और क्या लिखूँ, इन देहाती स्कूलों पर भी दया कीजिए
दीन-हीन छात्रों-गुरुओं की कुछ भी तो सुध आप लीजिए
हटे मिटे यह निपट जहालत, प्रभु ग्रामीणों पर पसीजिए
कई फ़ंड हैं उनमें से अब हमको वाजिब एड दीजिए"

1953

चाचा भरे चाबी

अ-इ-उ···क-च-त-प···
सात की जमात है !
बात ही बात है !
सारी सृष्टि मात है !
समझा कुछ आपने ?
पूत गले रुद्राक्ष, माँजी की लौकी–
मुगदर बदले जीवन भर बाप ने ?
सावन में पैदा हुए,
भादों में आई बाढ़, फूली कास क्वार में !
करने लगे गुटर-गूँ प्रतिभा के
पंडुक कतकी बयार में !
धूल-धूल-धुआँ धुंध···
बचें बेचारे बचऊ की आँखें
चाचा भरे चाबी,
लक़वा न खा जाएँ भतीजे की पाँखें··· ।

1956

आओ रानी, हम ढोएँगे पालकी

आओ रानी, हम ढोएँगे पालकी,
यही हुई है राय जवाहरलाल की
रफ़ू करेंगे फटे-पुराने जाल की
यही हुई है राय जवाहरलाल की
आओ रानी, हम ढोएँगे पालकी !

आओ, शाही बैंड बजाएँ,
आओ बंदनवार सजाएँ,
खुशियों में डूबें उतराएँ,
आओ तुमको सैर कराएँ—
उटकमंड की, शिमला-नैनीताल की
आओ रानी, हम ढोएँगे पालकी !

तुम मुस्कान लुटाती आओ,
तुम वरदान लुटाती जाओ,
आओ जी चाँदी के पथ पर,
आओ जी कंचन के रथ पर,
नजर बिछी है, एक-एक दिक्पाल की
छटा दिखाओ गति की लय की ताल की
आओ रानी, हम ढोएँगे पालकी !

सैनिक तुम्हें सलामी देंगे
लोग-बाग बलि-बलि जाएँगे
दृग-दृग में खुशियाँ छलकेंगी
ओसों में दूबें झलकेंगी
प्रणति मिलेगी नए राष्ट्र की भाल की
आओ रानी, हम ढोएँगे पालकी !

बेबस-बेसुध, सूखे-रुखड़े,
हम ठहरे तिनकों के टुकड़े
टहनी हो तुम भारी भरकम डाल की
खोज खबर तो लो अपने भक्तों के खास महाल की !
लो कपूर की लपट
आरती लो सोने के थाल की
आओ रानी, हम ढोएँगे पालकी !

भूखी भारत माता के सूखे हाथों को चूम लो
प्रेसिडेंट की लंच-डिनर में स्वाद बदल लो, झूम लो

पद्म भूषणों, भारत-रत्नों से उनके उद्‌गार लो
पार्लमेंट के प्रतिनिधियों से आदर लो सत्कार लो
मिनिस्टरों से शेक हैंड लो, जनता से जयकार लो
दाएँ-बाएँ खड़े हजारी आफिसरों से प्यार लो
धन कुबेर उत्सुक दीखेंगे उनके ज़रा दुलार लो
होंठों को कंपित कर लो, रह-रह के कनखी मार लो
बिजली की यह दीपमालिका फिर-फिर इसे निहार लो

यह तो नई-नई दिल्ली है, दिल में इसे उतार लो
एक बात कह दूँ मलका, थोड़ी-सी लाज उधार लो
बापू को मत छेड़ो, अपने पुरखों से उपहार लो
जय ब्रिटेन की जय हो इस कलिकाल की !
आओ रानी, हम ढोएँगे पालकी !
रफ़ू करेंगे फटे-पुराने जाल की !
यही हुई है राय जवाहरलाल की !
आओ रानी, हम ढोएँगे पालकी !

भूले स्वाद बेर के

सीता हुई भूमिगत, सखी बनी सूपनखा
बचन बिसर गए देर के, सबेर के !
बन गया साहूकार लंकापति विभीषण
पा गए अभयदान शावक कुबेर के।
जी उठा दसकंधर, स्तब्ध हुए मुनिगण
हावी हुआ स्वर्णमृग कंधों पर शेर के !
बुढ़भंस की लीला है, काम के रहे न राम
शबरी न याद रही, भूले स्वाद बेर के !

1961

आए दिन बहार के

'स्वेत-स्याम-रतनार' अँखियाँ निहार के
सिंडकेटी प्रभुओं की पग-धूर झार के
लौटे हैं दिल्ली से कल टिकट मार के
खिले हैं दाँत ज्यों दाने अनार के
आए दिन बहार के !

बन गया निजी काम–
दिलाएँगे और अन्न दान के, उधार के
टल गए संकट यू. पी.-बिहार के
लौटे टिकट मार के
आए दिन बहार के !

सपने दिखे कार के
गगन-बिहार के
सीखेंगे नखरे, समुंदर-पार के
लौटे टिकट मार के
आए दिन बहार के !

1966

शासन की बंदूक

खड़ी हो गई चाँपकर कंकालों की हूक
नभ में विपुल विराट-सी शासन की बंदूक

उस हिटलरी गुमान पर सभी रहे हैं थूक
जिसमें कानी हो गई शासन की बंदूक

बढ़ी बधिरता दसगुनी, बने विनोबा मूक
धन्य-धन्य वह, धन्य वह, शासन की बंदूक

सत्य स्वयं घायल हुआ, गई अहिंसा चूक
जहाँ-तहाँ दगने लगी शासन की बंदूक

जली ठूँठ पर बैठकर गई कोकिला कूक
बाल न बाँका कर सकी शासन की बंदूक

1966

कर दो वमन !

प्रभु तुम कर दो वमन !
होगा मेरी क्षुधा का शमन ! !

स्वीकृत हो करुणामय,
अजीर्ण अन्नभोजी
अपंगों का नमन !

आते रहें यों ही यम की जम्हाइयों के झोंके
होने न पाए हरा यह चमन
प्रभु तुम कर दो वमन !

मार दें भीतर का भाप
उमगती दूबों का आवागमन
बुझ जाए तुम्हारी आँतों की गैस से

हिंद की धरती का मन
प्रभु तुम कर दो वमन !
होगा हमारी क्षुधा का शमन ! !

1966

तीन दिन, तीन रात

बस-सर्विस बंद थी
तीन दिन, तीन रात
लगता था, जन-जन की
हृदय-गति मंद थी
तीन दिन, तीन रात
प्राचार्य, जिलाधीश, एस.पी.
रहे सब परेशान
तीन दिन, तीन रात
बस-सर्विस बंद थी
तीन दिन, तीन रात

गुम रहीं गतिहीन सड़कें
तीन दिन, तीन रात
पंक्तिबद्ध वृक्षों के
दिल भला क्यों नहीं धड़कें
तीन दिन, तीन रात
बस-सर्विस बंद थी···

दस गुनी कमाई पर
ताँगा व रिक्शावाले
मस्त थे, मगन थे

तीन दिन, तीन रात
डूबे थे ताड़ी और दारू में
माटी के हजारों चुक्कड़
धुत्त थे, नगन थे
तीन दिन, तीन रात
बस-सर्विस बंद थी
तीन दिन, तीन रात

ठप थी अदालतें
सस्ते थे वकील व मुख्तार
तीन दिन, तीन रात
वीरान थे होटल
धीमी थी धुएँ की रफ़्तार
तीन दिन, तीन रात
सरकारी जीप-ट्रक
पीती रहीं पेट्रोल
तीन दिन, तीन रात
बसवाले पीते रहे
मालिकों की खीझ का
मट्ठा और घोल
तीन दिन, तीन रात

बस के अड्डों पर
फ़ौज रही तैनात
तीन दिन, तीन रात
उड़ती रहीं अफ़वाहें
कटती रही हर बात
तीन दिन, तीन रात
विकल थी हकूमत
चित्रित थे अधिकारी
तीन दिन, तीन रात
पूर्णिया टाउन में

कर्फ़्यू था जारी
तीन दिन, तीन रात

तरुणों में गर्मी थी
लोग परेशान थे
तीन दिन, तीन रात
बस की लाश का
चिता-भस्म देख-देख
हम भी हैरान थे
तीन दिन, तीन रात
बस-सर्विस बंद थी
तीन दिन, तीन रात
तीन दिन, तीन रात
तीन दिन, तीन रात

1968

तीनों बंदर बापू के

बापू के भी ताऊ निकले तीनों बंदर बापू के!
सरल सूत्र उलझाऊ निकले तीनों बंदर बापू के!
सचमुच जीवनदानी निकले तीनों बंदर बापू के!
ज्ञानी निकले, ध्यानी निकले तीनों बंदर बापू के!
जल-थल-गगन-बिहारी निकले तीनों बंदर बापू के!
लीला के गिरधारी निकले तीनों बंदर बापू के!
सर्वोदय के नटवरलाल
फैला दुनिया भर में जाल
अभी जिएँगे ये सौ साल
ढाई घर घोड़े की चाल

मत पूछो तुम इनका हाल
सर्वोदय के नटवरलाल
लंबी उमर मिली है, खुश हैं तीनों बंदर बापू के
दिल की कली खिली है, खुश हैं तीनों बंदर बापू के
बूढ़े हैं, फिर भी जवान हैं तीनों बंदर बापू के
परम चतुर हैं, अति सुजान हैं तीनों बंदर बापू के
सौंवी बरसी मना रहे हैं तीनों बंदर बापू के
बापू को ही बना रहे हैं तीनों बंदर बापू के
बच्चे होंगे मालामाल
खूब गलेगी उनकी दाल
औरों की टपकेगी राल
इनकी मगर तनेगी पाल
मत पूछो तुम इनका हाल
सर्वोदय के नटवरलाल
सेठों का हित साध रहे हैं तीनों बंदर बापू के
युग पर प्रवचन लाद रहे हैं तीनों बंदर बापू के
सत्य अहिंसा फाँक रहे हैं तीनों बंदर बापू के
पूँछों से छवि आँक रहे हैं तीनों बंदर बापू के
दल से ऊपर, दल के नीचे तीनों बंदर बापू के
मुस्काते हैं आँखें मीचे तीनों बंदर बापू के
छील रहे गीता की खाल
उपनिषदें हैं इनकी ढाल
उधर सजे मोती के थाल
इधर जमे सतजुगी दलाल
मत पूछो तुम इनका हाल
सर्वोदय के नटवरलाल
मूँड रहे दुनिया-जहान को तीनों बंदर बापू के
चिढ़ा रहे हैं आसमान को तीनों बंदर बापू के
करें रात-दिन टूर हवाई तीनों बंदर बापू के
बदल-बदल कर चखें मलाई तीनों बंदर बापू के
गाँधी-छाप झूल डाले हैं तीनों बंदर बापू के
असली हैं, सर्कसवाले हैं तीनों बंदर बापू के

दिल चटकीला, उजले बाल
नाप चुके हैं गगन विशाल
फूल गए हैं कैसे गाल
मत पूछो तुम इनका हाल
सर्वोदय के नटवरलाल
हमें अँगूठा दिखा रहे हैं तीनों बंदर बापू के
कैसी हिकमत सिखा रहे हैं तीनों बंदर बापू के
प्रेम-पगे हैं, शहद-सने हैं तीनों बंदर बापू के
गुरुओं के भी गुरु बने हैं तीनों बंदर बापू के
सौवीं बरसी मना रहे हैं तीनों बंदर बापू के
बापू को ही बना रहे हैं तीनों बंदर बापू के!

1969

मंत्र कविता

ओं शब्द ही ब्रह्म है
ओं शब्द और शब्द और शब्द और शब्द
ओं प्रणव, ओं नाद, ओं मुद्राएँ
ओं वक्तव्य, ओं उद्गार, ओं घोषणाएँ
ओं भाषण...
ओं प्रवचन...
ओं हुंकार, ओं फटकार, ओं शीत्कार
ओं फुसफुस, ओं फुत्कार, ओं चित्कार
ओं आस्फालन, ओं इंगित, ओं इशारे
ओं नारे और नारे और नारे और नारे

ओं सबकुछ, सबकुछ, सबकुछ
ओं कुछ नहीं, कुछ नहीं, कुछ नहीं
ओं पत्थर पर की दूब, खरगोश के सींग
ओं नमक-तेल-हल्दी-जीरा-हींग
ओं मूस की लेडी, कनेर के पात
ओं डायन की चीख, औघड़ की अटपट बात
ओं कोयला-इस्पात-पेट्रोल
ओं हमी हम ठोस, बाकी सब फूटे ढोल

ओं इदमन्नं, इमा आपः, इदमाज्यं, इदं हवि
ओं यजमान, ओं पुरोहित, ओं राजा, ओं कवि:
ओं क्रांतिः क्रांतिः क्रांतिः सर्वग्वं क्रांतिः
ओं शांतिः शांतिः शांतिः सर्वग्वं शांतिः
ओं भ्रांति भ्रांति भ्रांति सर्वग्वं भ्रांतिः
ओं बचाओ बचाओ बचाओ बचाओ
ओं हटाओ हटाओ हटाओ हटाओ
ओं घेराओ घेराओ घेराओ घेराओ
ओं निभाओ निभाओ निभाओ निभाओ

ओं दलों में एक दल अपना दल, ओं
ओं अंगीकरण, शुद्धीकरण, राष्ट्रीकरण
ओं मुष्टीकरण, तुष्टीकरण, पुष्टीकरण
ओं एतराज, आक्षेप, अनुशासन
ओं गद्दी पर आजन्म वज्रासन
ओं ट्रिब्युनल ओं आश्वासन
ओं गुट निरपेक्ष सत्तामापेक्ष जोड़तोड़
ओं छल-छन्द, ओं मिथ्या, ओं होड़महोड़
ओं बकवास, ओं उद्घाटन
ओं मारण-मोहन-उच्चाटन

ओं काली काली काली महाकाली महाकाली
ओं मार मार मार, वार न जाए खाली
ओं अपनी खुशहाली
ओं दुश्मनों की पामाली
ओं मार, मार, मार, मार, मार, मार, मार,
ओं अपोजिशन के मुंड बनें तेरे गले का हार
ओं ऐं हीं वलीं हूं आड्
ओं हम चबाएँगे तिलक और गाँधी की टाँग
ओं बूढ़े की आँख, छोकरी का काजल
ओं तुलसीदल, बिल्वपत्र, चंदन, रोली, अक्षत, गंगाजल
ओं शेर के दाँत, भालू के नाखून, मर्कट का फोता
ओं हमेशा हमेशा हमेशा करेगा राज मेरा पोता
ओं छूः छूः फूः फूः फट फिट फुट
ओं शत्रुओं की छाती पर लोहा कुट

ओं भैरो, भैरो, भैरो, ओं बजरंगबली
ओं बंदूक का टोटा, पिस्तौल की नली
ओं डालर, ओं रूबल, ओं पाउंड
ओं साउंड, ओं साउंड, ओं साउंड

ओम् ओम् ओम्
ओम् धरती, धरती, धरती, व्योम् व्योम् व्योम्
ओं अष्टधातुओं की ईंटों के भट्ठे
ओं महामहिम, महामहो, उल्लू के पट्ठे
ओं दुर्गा दुर्गा दुर्गा तारा तारा तारा
ओं इसी पेट के अंदर समा जाए सर्वहारा
हरिः ओं तत्सत् हरिः ओं तत्सत्

1969

'अन्न पचीसी के दोहे'

सीधे सादे शब्द हैं, भाव बड़े ही गूढ़
अन्न पचीसी घोख ले, अर्थ जान ले मूढ़

कबिरा खड़ा बजार में, लिया लुकाठी हाथ
बंदा क्या घबराएगा, जनता देगी साथ

छीन सके तो छीन ले, लूट सके तो लूट
मिल सकती कैसे भला, अन्न चोर को छूट

आज गहन है भूख का धुँधला है आकाश
कल अपनी सरकार का होगा पर्दाफाश

नागार्जुन-मुख से कढ़े साखी के ये बोल
साथी को समझाइए रचना है अनमोल

अन्न पचीसी मुख्तसर, लोग करोड़ करोड़
सचमुच ही लग जाएगी आँख कान में होड़

अन्नब्रह्म ही ब्रह्म है बाकी ब्रह्म पिशाच
औघड़ मैथिल नागजी अर्जुन यही उवाच

1974

आए दिन

आए दिन
अरब-अंचलों के तेली धन-कुबेरों को
दिन-रात आती रहती हैं
डालरों की अपच से खट्टी डकारें
आए दिन
तीव्र उड़ान वाले विमानों से पहुँचते रहते हैं वहाँ
लंदन के बड़े-बड़े डॉक्टर
अमीरो की चिकित्सा करते हैं मुस्तैदीपूर्वक
कदम-कदम पर काम आता है नाम
मिलता है हाथों की सफाई का अधिक से अधिक दाम
आए दिन

आए दिन
कोटिपति, युवक या अधेड़ पूँजीपुत्र
छिप-छिपकर सेवन करता है
सिंगी और भाँगुर मछलियाँ
तरुण बकरे की कलेजियाँ
आए दिन
यह सब देख-सुनकर
अत्यधिक पुलकित हो उठता है
यह बनमानुस यह सत्तर साला उजबक
उमंग में भरकर सिर के बाल
नोचने लग जाता है यह व्यक्ति
अपने ही सिर के बाल
अकेले में बजाने लग जाता है सीटियाँ
आए दिन

1976

सत्य

सत्य को लकवा मार गया है
वह लंबे काठ की तरह
पड़ा रहता है सारा दिन, सारी रात
वह फटी-फटी आँखों से
टुकुर-टुकुर ताकता रहता है सारा दिन, सारी रात
कोई भी सामने से आए-जाए
सत्य की सूनी निगाहों में ज़रा भी फ़र्क नहीं पड़ता
पथराई नज़रों से वह यों ही देखता रहेगा
सारा-सारा दिन, सारी-सारी रात

सत्य को लकवा मार गया है
गले से ऊपरवाली मशीनरी पूरी तरह बेकार हो गई है
सोचना बंद
समझना बंद
याद करना बंद
याद रखना बंद
दिमाग की रगों में ज़रा भी हरकत नहीं होती
सत्य को लकवा मार गया है
कौर अंदर डालकर जबड़ों को झटका देना पड़ता है
तब जाकर खाना गले के अंदर उतरता है
ऊपरवाली मशीनरी पूरी तरह बेकार हो गई है
सत्य को लकवा मार गया है

वह लंबे काठ की तरह पड़ा रहता है
सारा-सारा दिन, सारी-सारी रात
वह आपका हाथ थामे रहेगा देर तक
वह आपकी ओर देखता रहेगा देर तक
वह आपकी बातें सुनता रहेगा देर तक
लेकिन लगेगा नहीं कि उसने आपको पहचान लिया है

जी नहीं, सत्य आपको बिल्कुल नहीं पहचानेगा
पहचान की उसकी क्षमता हमेशा के लिए लुप्त हो चुकी है
जी हाँ, सत्य को लकवा मार गया है
उसे इमर्जेन्सी का शाक लगा है
लगता है, अब वह किसी काम का न रहा
जी हाँ, सत्य अब पड़ा रहेगा
लोथ की तरह, स्पंदनशून्य मांसल देह की तरह!

1975

नथने फुला-फुलाके…

राह चलते-चलते
यक-ब-यक बाँह पकड़ ली
खुद भी खड़े रहे
मुझे भी रोक लिया
और बोले ;
क्या कुछ खास-सी महसूस होती है?
मैं चौंका :
क्या सचमुच कोई खासियत मालूम देती है!
फिर हमारे प्राध्यापक मित्र
भरपूर साँस खींचकर कहने लगे :
''यहाँ, मुलुंड में इत्र का कारखाना लगा है
मराठा व्यवसायी एक कोई केलकर साहब ने
सौरभ-द्रव्यों का अपना अभिनव उत्पादन-केंद्र
आरंभ किया है यहाँ मुलुंड में
प्रतिदिन, संध्याकाल
पवन देव की अनुकंपा से
इर्द-गिर्द बीसियों किलोमीटर
हो उठते हैं मुअत्तर…

यह सुरभित सांध्य समीर
हमारे मुलुंड की बहुत बड़ी ख़ासियत है···"
"आपकी गंध-चेतना ठस तो नहीं हुई ?
अभी तो सत्तर के न हुए होंगे आप–"
फिर से प्राध्यापक मित्र ने
अपने तईं भरपूर साँस खींची
नथने फुला-फुलाके
वो मुअत्तर हवा भर ली अंदर

1978

भोजपुर

[1]

यही धुआँ मैं ढूँढ रहा था
यही आग मैं खोज रहा था
यही गंध थी मुझे चाहिए
बारूदी छर्रे की खुशबू !···
ठहरो-ठहरो इन नथनों में इसको भर लूँ···
बारूदी छर्रे की खुशबू !···
भोजपुरी माटी सोंधी है,
इसका यह अद्‌भुत सोंधापन !
लहरा उठ्ठी
कदम-कदम पर, इस माटी पर
महामुक्ति की अग्नि-गंध
ठहरो-ठहरो इन नथनों में इसको भर लूँ
अपना जनम स-कारथ कर लूँ !

[2]

मुन्ना, मुझको
पटना-दिल्ली मत जाने दो
भूमिपुत्र के संग्रामी तेवर लिखने दो
पुलिस दमन का स्वाद मुझे भी तो चखने दो
मुन्ना, मुझे पास आने दो
पटना-दिल्ली मत जाने दो

[3]

यहाँ अहिंसा की समाधि है
यहाँ कब्र है पार्लमेंट की
भगतसिंह ने नया-नया अवतार लिया है
अरे यहीं पर
अरे यहीं पर
जन्म ले रहे
आजाद चन्द्रशेखर भैया भी
यहीं कहीं बैकुंठ शुक्ल हैं
यहीं कहीं बाघा जतीन हैं
यहां अहिंसा की समाधि है...

[4]

एक-एक सिर सूँघ चुका हूँ
एक-एक दिल छूकर देखा
इन सबमें तो वही आग है, ऊर्जा वो ही...
चमत्कार है इस माटी में
इस माटी का तिलक लगाओ,
बुद्धू इसकी करो वंदना
यही अमृत है, यही चंदना
बुद्धू इसकी करो वंदना

यही तुम्हारी वाणी का कल्याण करेगी
यही मृत्तिका जन-कवि में अब प्राण भरेगी
चमत्कार है इस माटी में...
आओ, आओ, आओ, आओ !
तुम भी आओ, तुम भी आओ
देखो, जनकवि, भाग न जाओ
तुम्हें कसम है इस माटी की
इस माटी की/ इस माटी की/ इस माटी की !

1981

अग्निबीज

अग्निबीज
तुमने बोए थे
रमे जूझते,
युग के बहु आयामी
सपनों में, प्रिय
खोए थे !
अग्निबीज
तुमने बोए थे

तब के वे साथी
क्या से क्या हो गए,
कर दिया क्या से क्या तो,
देख-देख
प्रतिरूपी छवियाँ
पहले खीझे
फिर रोए थे

अग्निबीज
तुमने बोए थे

ऋषि की दृष्टि
मिली थी सचमुच
भारतीय आत्मा थे तुम तो
लाभ-लोभ की हीन भावना
पास न फटकी
अपनों की यह ओछी नीयत
प्रतिपल ही
काँटों-सी खटकी
स्वेच्छावश तुम
शरशैया पर लेट गए थे
लेकिन उन पतले होंठों पर
मुस्कानों की आभा भी तो
कभी-कभी खेला करती थी !
यही फूल की अभिलाषा थी
निश्चय, तुम तो
इस 'जन-युग' के
बोधिसत्व थे !
पारमिता में त्याग तत्व थे ।

1983

मैथिली कविताएँ

नन्हे-नन्हे फूल

नन्हे नन्हे फूल
उजले उजले फूल
लाल लाल डंठलोंवाले फूल
हरसिंगार के फूल
कुआर का निशाशेष
'नया पोखरा' का दूबभरा भिंडा
हो रहा कृतार्थ फूलों के अंबार से
कर रहा मह-मह-मह
वायुमंडल चारों दिशाओं का
यही है पारिजात ?
यही है शेफलिका ?
लगा गए हैं एक ही पाँत में
सात-सात हरसिंगार के पौधे
अपने इष्टदेव के प्रीत्यर्थ
कोई पुण्यवान व्यक्ति
कौन थे वे महानुभाव ?
क्या रहा होगा उनका नाम ?
हृदयानंद प्रतिहस्त !
तृप्तिनारायण मल्लिक !
प्राणमोहन पाठक !
शुभंकर लाभ !
क्या रहा होगा उनका नाम ?
माँ अथवा नानी का खुदवाया
होगा यह 'नया पोखरा'
किंवा मोसम्मात सास का खुदवाया हो
वो ठीक... वो ठीक...
किसका भी खुदवाया हो यह पोखरा
कुछ रहा हो उनका नाम !
जो लगा गए हैं एक ही पाँत में

सात-सात हरसिंगार के ये नन्हे पौधे
उनके ही नाम जमा करूँगा मैं दो अँजुरी फूल
नन्हे नन्हे फूल
लाल लाल डंठलोंवाले फूल

1964

पका है यह कटहल !

शाबास ! शाबास ! शाबास !!
अह्, क्या खूब पका है यह कटहल
अह्, कितना बड़ा है यह कटहल
अह्, कैसा मह-मह करता है यह कटहल
अह्, कैसे खुद ही गिर पड़ा गाछ से
अह्, किस तरह पड़ा है चारों खाने चित्त
अह्, कैसा लटका था लोगों का मन इसके ऊपर
अह्, क्या खूब पका है यह कटहल

पुराने बड़े गाछ का एकमात्र यह पूरा कटहल
फला सहज ही प्रकृति के प्रताप से
जुआया सहज ही प्रकृति के प्रताप से
पका सहज ही प्रकृति के प्रताप से
गिरा उसी तरह
उसी तरह हुआ उपलब्ध हम लोगों को
आओ, आओ ! अजी ओ फलाँ, आते जाओ
एक-एक कोआ, दो-दो कोए अवश्य लेते जाओ
ऐसा अपूर्व असली कोआ नहीं मिलने का कहीं और
हम लोग खुद भी पा रहे हैं प्रसाद
परोस लिए हैं एक दूसरे के आमने-सामने

एक कोआ, आधा कोआ, तिहाई कोआ
आओ, आओ ! आते जाओ अजी ओ फलाँ…
यह लो, यह लो, यह लो
क्या कहा ? ज़रा जोर से कहो !
क्या कहा ? क्या कहा ?
नहीं सधेगा क्या यह कटहल ?
और कितना बाँटोगे यह कटहल ?
अहा, अहा, अभी नहीं सधेगा
आओ, आओ, देखो न अपनी ही आँखों
सुगंध तो लगी ही होगी !
आओ आओ, थोड़ा-सा पा लो
महाकाली का यह अपूर्व प्रसाद
शताब्दी के बाद ही मिलता है लोगों को
आओ, आओ, अजी ओ फलाँ
माता का प्रसाद है
नहीं ही होगा समाप्त…
आओ, आओ, अजी ओ फलाँ
शुचिभाव से ग्रहण करो प्रसाद
कान को होने दो पवित्र
प्रसाद ग्रहण करते ही सुनने में आएगा
एक अद्‌भुत, एक अश्रुतपूर्व मंत्र…
''अकाली…
काली…
कंकाली…
महाकाली…
विकाली…
सकाली…
ला रे अभागे
बढ़ा अपनी गर्दन
पड़ने दे उस पर
मेरी काता, मेरी भुजाली
इधर देख, इधर देख, करम-हीन !

कहाँ देखा होगा यह रूप, मुंडमाली
क्लीं क्लीं क्लूँ क्लूँ
ऐं ह्रीं हूँ आँ हौं
खच् खच् खच् खचाक्
पास आ, नीचे ताक्
खच् खच् खच् खचाक्
ला रे अभागे, बढ़ा अपनी गर्दन
तुम सभी के सर उड़ाऊँ हन-हन
आ रे अभागे !
आ रे कोढ़ी !
ऐं ह्रीं आँ हौं
क्लीं क्लीं हूँ हूँ''

आप डरकर भाग नहीं जाना, अजी ओ फलाँ !
आजकल वह मंत्र कहाँ काम करता है
उलट गया है अर्थ
आओ, आओ, लो माता का प्रसाद...
अकाल का प्रसाद
दुर्भिक्ष का प्रसाद
इसी तरह किया था प्राप्त
तुम्हारे परदादा-परनाना ने
दादा के दादा के दादा, नाना के नाना के नाना ने
आओ, आओ, अजी ओ फलाँ,
लो लो प्रसाद प्रलयंकारी माता का
अमरीका का दलिया, कनाडा का दुद्धी-पाउडर
कौन जाने, कहाँ कहाँ का स्वाद
समेटे है अपने भीतर
अपूर्व ही लगेगा तुम्हें यह कटहल
आओ, आओ, ग्रहण कर लो, छोड़ सभी डर-भय
शुद्ध सनातनी, निर्लिप्त निरंजन
असली महापात्र हम लोग
विशुद्ध श्राद्ध करानेवाले ब्राह्मण, विशुद्ध अघोरी !

उस पर भी क्या, यह कालीमाई का प्रसाद है
इसकी अवहेलना मत करो!
आओ, आओ ले लो थोड़ा-सा—
कैसा दिव्य, यह दुर्दैवी कटहल!!

1961

जोड़ा मंदिर

कच्ची सड़क के किनारे ही
देखा, पास-पास छोटे-छोटे मंदिरों का एक जोड़ा
पूछा एक घसियारिन से :
अरी ओ, किसने बनवाया है
बीच परती-पाँतर में यह जोड़ा मंदिर?

खुर्पी सहित दायाँ हाथ उठाकर
करती हुई उधर ही इंगित
बोली वह ठिगनी घसियारिन :
थापित[1] हुई है वहाँ पर पिंडी
भोंकर राउत और मुंगिया की माई की
बूढ़े-बूढ़ी की समाधि पर
खड़ा कर दिया है बेटे ने जोड़ा मंदिर
धन्य वैसे माँ-बाप
धन्य वैसे पूत…
खड़ा-खड़ा ही हो गया तनिक ध्यानस्थ
झुका लिया सर

1. थापित = स्थापित।

भोकर राउत और मुंगिया की माई की स्मृति में

दूसरे दिन
पोखरे के भिंडे पर
मौलश्री की छाँह में
आराम करता मिला सरजुग
कुशल-समाचार पूछा-पूछी के तुरत बाद
कहा मैंने सरजुग राउत से...
एहो सरजुग, बाप-माँ की समाधि पर
तरौनी[1] गाँव में कहाँ किसी ने खड़ा किया था जोड़ा मंदिर!
पतली मूँछोंवाला साँवरा ग्रामीण युवक
सरजुग राउत
बोला निरभिमान स्वर में...
''अपने ही हाथों बूढ़े ने पारसाल
लगाया था पाँच कट्ठे में गन्ना
उसी में से पाँच-एक सौ
लगा दिए हैं उनके नाम पर
माह के भीतर ही दोनों जनों ने मूँद ली आँखें
क्रिया-कर्म भोज भंडारे में खर्च हो गए करीब हज़ार रुपए
लेकिन, खुद मुझे तो हुआ ही नहीं संतोष उससे

''फागुन जाते-जाते इस बार
मिलवाले ने पर्ची दी

'राटन'[2] पर तौला आया गन्ना
दो दिन बाद हाथ में पड़े
नौ नंबरी, सात दसके, एक के छै...
गाँव में ही मिल गई
मीमेंट की दो बोड़ियाँ, पक्की ईंट करीब तीन हजार
बूढ़े-बूढ़ी के मंदिर हो गए सहज ही तैयार...''

1. नागार्जुन का गाँव। 2. ईख तोलने की जगह।

इतना कहकर
झुका लिया सर
संकोच वश टूँगने लगा दूब
पतली मूँछोंवाला सरजुग राउत

थोड़ा आगे बढ़कर
उसकी पीठ पर फिराता हुआ हाथ
गदगद होता हुआ कहा मैंने
''आज तक इस इलाके में
कहाँ सूझी थी किसी को यह बात !
देश-विदेश पूरा दुनिया-जहान
धाँग आया हूँ मैं...
कहाँ कहीं देखा है
माँ-बाप के नाम बना जोड़ा मंदिर
वाह सरजुग, धन्य हो तुम !''

हुआ सकोच भजन
तब बोले
सरजुग राउत उर्फ सरजुग यादव :
''हमारे बूढ़े-बूढ़ी में रहा करता था हद से ज्यादा मेल
वैसा नहीं देखा होगा किसी ने कहीं
सो हम सब खुद हैं साक्षी
सभी को है पता अच्छी तरह से
हमारे बूढ़े-बूढ़ी के बीच कहाँ कभी हुआ झगड़ा-तकरार
हमारे बूढ़े-बूढ़ी के बीच कहाँ कभी रही अदावत
कहावत भी है कि एक प्राण, दो देह
बिलकुल उसी का नमूना थे हमारे बूढ़े-बूढ़ी
इसी कारण सूझी यह बात
बना दिया है जोड़ा मंदिर
चढ़ा आता हूँ जाकर
दोनों जनों की पिंडियों पर फूल

''उस सतकठबा खेत से तीन धूर जमीन

उत्सर्ग की जा चुकी है बूढ़े-बूढ़ी के नाम पर
मेरा विचार है, जल्द-से-जल्द
लिखा-पढ़ी भी हो ही जाए…"

फिर मेरी नज़रों को थाहता बोला सरजुग—
फुसफुसाहट के स्वर में:
"तरौनी गाँव के बाबू-भैया सभी
हँसी उड़ाते हैं मेरी!"
इस पर कहा मैंने सरजुग से :
"धत् पगले, ऐसा भी कोई बोले!
पता नहीं है तुझे?
तरौनी गाँव के बाबू-भैया लोग
हँसी उड़ाते हैं मेरी भी!"

1960

? ? ? ? ?

रविरंजित शिखरवाले
हिमाद्रि के वक्ष पर
देवदारु-वन में
टहलते मेघ को
छू पाए हो कभी?

किन्नर परिवार का
मुक्त अतिथि बनकर

द्राक्षा का पुटपाकी
काफी पुराना आसव
चख पाए हो कभी ?

भीठे पर लगाए गए
सफेदा मालदह आम का
प्रथम प्रथम
मंजरी-गुच्छ
सूँघ पाए हो कभी ?

शारदीय बंकिम धारा में
टूटते किनारों का
क्षुब्ध-मथित-आहत नाद
सुन पाए हो कभी ?

प्लास्टिक की ट्यूब में
लिपिरूप में प्रवहमान
क्षणप्रभा विद्युत का
छायामय भास्वर स्पंदन
देख पाए हो कभी ?

1962

क्या लाल ? क्या लाल ?

क्या लाल ? क्या लाल ?
अढ़हुल के फूल लाल !
आरती के पात लाल !
त्रिकोल के फल लाल !
छोकरी के होठ लाल !
छोकरे की टाई लाल !
सुग्गे का चोंच लाल !
यह लाल ! वह लाल !

क्या लाल ? क्या लाल ?
लहू लाल ? क्रांति लाल !
युद्धोत्तर शांति लाल !
रूस की देह लाल !
चीन का हृदय लाल !
अमरीका की नाक लाल !
ब्रिटेन की जीभ लाल !
यह लाल ! वह लाल !

क्या लाल ? क्या लाल ?
मेरी रोसनाई लाल !
आपकी कलम लाल !
इनकी किताब लाल !
उनकी जिल्द लाल !
किसी के गाल लाल !
किसी की आँख लाल !
यह लाल ! वह लाल !

1965

न आए रातभर मेलट्रेन

बैठ-बैठ मेलट्रेन की प्रतीक्षा में
बाहर निकल आए हैं आँखों के डोरे
घंटा भर लेट
आधा घंटा और लेट
पैंतालीस मिनट और लेट
आह रे विधाता, क्या हुआ तुझे ?
कई दफा चटखाईं उँगलियाँ
कई बार आई जँभाई
चाट गया अनेकों मैगजीनें
सुड़क आया हूँ सात कप चाय
खींच गया हूँ दो पाकिट सिगरेट
आह रे विधाता, अब क्या करूँ ?
रँगी-रची पेटी से उँगठी
गौना कराई दुलहन
सोई है या जगी
घूँघट की आड़ में !
लेकिन दूल्हा भर रहा है खर्राटे
पास ही काले कंबल पर
सिरहाने सैंतकर सामान
इनकी रखवाली कर रही है
सिक्कों की माला और पत्तीदार बाजूबंद पहने
दुल्हन की अर्द्धवयस्क नौकरानी
लाल किनारी की पीली साड़ी में
बिलकुल मांगुर मछली सी है उसकी देह की कांति
लगती है कितनी अच्छी
अब क्यों निकलेंगे आँखों के डोरे
न आए रातभर मेलट्रेन।

1957

एक फाँक आँख, एक फाँक नाक

कैसे भूल जाऊँ री ?
झटके में देखी उस रात, वहाँ की
एक फाँक आँख, एक फाँख नाक
कैसे भूल जाऊँ री ?

गया था सिनेमा, सेकेंड शो
आ रहा था वापस
सी ब्लाक, इसी एच··· अपने आवास की तरफ
किसी क्वार्टर की खिड़की थी खुली
रेशमी नीला पर्दा सहज ही संयत किए था
बिजली के प्रकाश को भीतर ही भीतर छातीभर, कंठभर
उससे ऊपर अधखुला किवाड़, सीधा-निरीह जैसा
अपनी धुन में आ रहा था हनहनाया
खिड़की के पास आते ही नजर हुई ऊपर
कि बस, देखा झटके से, गोरे गोल मुखचंद्र का अर्द्धांश
सावधान सचेत एक फाँक आँख
साथ ही एक फाँक नाक
झटके में दीख गई
और बस, बंद हो गई खिड़की
आकर, अंगन्यास किया, मगर
कितनी देर तक रही नाचती कपाल के भीतर की कटोरी में
धारण किए क्रमशः तकली का रूप
एक फाँक आँख···
एक फाँक नाक···

1956

मनुपुत्र दिगंबर

समुद्र के तट पर
सीपी की पीठ पर
तरंगित रेखाओं की बहुरंगी अल्पना, हलकी !
ऊपर औंधा आकाश
निविड़-नील !
नीचे श्याम सलिल वारुणी सृष्टि !
सबकुछ भूल
तिरोहित कर सभी कुछ
—अवचेतन मध्य
खड़े रहेंगे मनुपुत्र, दिगंबर
पता नहीं, कब तक···
पश्चिमाभिमुख।

1958

बीच सड़क पर

बीच सड़क पर
हरी हरी घास
उस पर सरकती ट्राम
मानो आड़ पर घोंघा
भादों का भींगा-भींगा
चिकना सुंदर शानदार बालीगंज
मध्य वक्ष पर ट्राम-लाइन का जनेऊ पहने

1960

पसीने का गुण-धर्म

क्षार-अम्ल
विगलनकारी, दाहक
रेचक, उर्वरक···
रिक्शावाले की पीठ पर फटी बनियाइन
पसीने के अधिकांश गुण-धर्म को
कर रही है प्रमाणित
मेरा मन करता है
विज्ञान के किसी छात्र से जाकर पूछूँ–
अधिक-से-अधिक क्या सब होता है
पसीने का गुण-धर्म?
रिक्शावाले की पीठ की चमड़ी
और कितना शुष्क-श्याम होगा?
स्नायुतंतु की ऊर्जा और कितना पिघलेगी?
इस नरवाहन की प्राणशक्ति और कितना पकेगी?
और कितना···
क्षार-अम्ल, दाहक विगलनकारी···

1963

श्यामघटा, सित बीजुरि-रेह

श्याम घटा, सित बीजुरि-रेह
अमृत टघार राहु अवलेह
फाँक इजोतक तिमिरक थार
निबिड़ विपिन अति पातर धार

दारिद उर लछमी जनु हार
लोहक चादरि चानिक तार
देखल रहि रहि तड़ित-विलास
जुगुलकिशोरक उन्मद रास

1963

श्याम घन, उजली बिजली की रेखा। पिघलते हुए अमृत (अमृत धार) को राहु अवलेह (मीठी चटनी) बना दे रहा है। अंधकार (तम) के थाल में रोशनी (ज्योति) के फाँक (टुकड़े) रखे हैं। घनघोर जंगल में बड़ी पतली-सी धारा (बह रही है)। मानो लछमी ने दरिद्रा (दरिद्रता) के गले में माला (डाल दी हो)। लोहे की चादर पर चाँदी के तार। रह-रहकर होनेवाले विद्युत्-विलास को देखा। दो विद्युत रेखा काले आसमान में मानो युगल किशोर की तरह रास रचा रहे हों।

सुजन नयन मनि

सुजन नयन मनि
सुनु सुनु सुनु धनि
मथित करिअ जनि
पिअ हिअ गनि गनि
शितशर हनि हनि
सुनु सुनु सुनु धनि
मनमथ रथ बनि
विपद हरिअ तनि
शुभ सद गुन खनि
सुनु सुनु सुनु धनि
सुजन नयन मनि

1963

सुजन (भद्रजन, रसिक नायक) के नयनों की मणि, ओ रमणी, सुनो, सुनो, सुनो! प्रियतम के हृदय को (धड़कनों को) गिन-गिनकर, तीक्ष्ण (शित-सित, श्वेत) बाण मार-मारकर (झटके से मारकर) मथित (उद्वेलित) मत करो। आ रमणी, सुनो, सुनो, सुनो। मन्मथ (कामदेव) का रथ बनकर (तनिक) दुःख (विपद) हरण करो। हे शुभ सद्गुणों की खान। सुनो, सुनो, सुनो ओ सुजन-नयन-मणि रमणी।

हरिजन-गाथा

एक

ऐसा तो कभी नहीं हुआ था !
महसूस करने लगीं वे
एक अनोखी बेचैनी
एक अपूर्व आकुलता
उनकी गर्भकुक्षियों के अन्दर
बार-बार उठने लगी टीसें
लगाने लगे दौड़ उनके भ्रूण
अन्दर ही अन्दर
ऐसा तो कभी नहीं हुआ था

ऐसा तो कभी नहीं हुआ था कि
हरिजन-माताएँ अपने भ्रूणों के जनकों को
खो चुकी हों एक पैशाचिक दुष्कांड में
ऐसा तो कभी नहीं हुआ था...

ऐसा तो कभी नहीं हुआ था कि
एक नहीं, दो नहीं, तीन नहीं—
तेरह के तेरह अभागे—
अकिंचन मनुपुत्र
जिन्दा झोंक दिए गए हों
प्रचण्ड अग्नि की विकराल लपटों में
साधन-सम्पन्न ऊँची जातियों वाले
सौ-सौ मनुपुत्रों द्वारा !
ऐसा तो कभी नहीं हुआ था...

ऐसा तो कभी नहीं हुआ था कि
महज दस मील दूर पड़ता हो थाना
और दरोगा जी तक बार-बार
खबरें पहुँचा दी गई हों संभावित दुर्घटनाओं की

और, निरंतर कई दिनों तक
चलती रही हों तैयारियाँ सरेआम
(किरासिन के कनस्तर, मोटे-मोटे लक्कड़,
उपलों के ढेर, सूखी घास-फूस के पूले
जुटाये गये हों उल्लासपूर्वक)
और एक विराट चिताकुंड के लिए

खोदा गया हो गड्ढा हँस-हँसकर
और ऊँची जातियोंवाली वो समूची आबादी
आ गई हो होली वाले 'सुपर मौज' के मूड में
और, इस तरह जिन्दा झोंक दिए गए हों

तेरह के तेरह अभागे मनुपुत्र
सौ-सौ भाग्यवान मनुपुत्रों द्वारा
ऐसा तो कभी नहीं हुआ था...
ऐसा तो कभी नहीं हुआ था...

दो

चकित हुए दोनों वयस्क बुजुर्ग
ऐसा नवजातक
न तो देखा था, न सुना ही था आज तक !
पैदा हुआ है दस रोज पहले अपनी बिरादरी में
क्या करेगा भला आगे चलकर ?
रामजी के आसरे जी गया अगर
कौन सी माटी गोड़ेगा ?
कौन सा ढेला फोड़ेगा ?
मग्गह का यह बदनाम इलाका
जाने कैसा सलूक करेगा इस बालक से
पैदा हुआ है बेचारा—
भूमिहीन बंधुआ मजदूरों के घर में
जीवन गुजारेगा हैवान की तरह
भटकेगा जहाँ-तहाँ बनमानुस-जैसा
अधपेटा रहेगा अधनंगा डोलेगा
तोतला होगा कि साफ-साफ बोलेगा
जाने क्या करेगा
बहादुर होगा कि बेमौत मरेगा...
फिक्र की तलैया में खाने लगे गोते
वयस्क बुजुर्ग दोनों, एक ही बिरादरी के हरिजन
सोचने लगे बार-बार...
कैसे तो अनोखे हैं अभागे के हाथ-पैर
रामजी ही करेंगे इसकी खैर
हम कैसे जानेंगे, हम ठहरे हैवान
देखो तो कैसा मुलुर-मुलुर देख रहा शैतान !
सोचते रहे दोनों बार-बार...

हाल ही में घटित हुआ था वो विराट दुष्कांड...

झोंक दिये गये थे तेरह निरपराध हरिजन
सुसज्जित चिता में...

यह पैशाचिक नरमेध
पैदा कर गया है दहशत जन-जन के मन में
इन बूढ़ों की तो नींद ही उड़ गई है तब से !
बाकी नहीं बचे हैं पलकों के निशान
दिखते हैं दृगों के कोर ही कोर
देती है जब-तब पहरा पपोटों पर
सील-मुहर सूखी कीचड़ की

उनमें से एक बोला दूसरे से
बच्चे की हथेलियों के निशान
दिखलायेंगे गुरुजी से
वो जरूर कुछ न कुछ बतलायेंगे
इसकी किस्मत के बारे में
देखो तो ससुरे के कान हैं कैसे लम्बे
आँखें हैं छोटी पर कितनी तेज हैं
कैसी तेज रोशनी फूट रही है इनसे !
सिर हिलाकर और स्वर खींचकर
बुद्धू ने कहा—
हाँ जी खदेरन, गुरु जी ही देखेंगे इसको
बतायेंगे वही इस कलुए की किस्मत के बारे में
चलो, चलें, बुला लावें गुरु महाराज को...

पास खड़ी थी दस साला छोकरी
दद्दू के हाथों से ले लिया शिशु को
सँभलकर चली गई झोंपड़ी के अन्दर

अगले नहीं, उससे अगले रोज
पधारे गुरु महाराज
रैदासी कुटिया के अधेड़ संत गरीबदास
बकरी वाली गंगा-जमनी दाढ़ी थी
लटक रहा था गले से
अँगूठानुमा जरा-सा टुकड़ा तुलसी काठ का
कद था नाटा, सूरत थी साँवली
कपार पर, बाईं तरफ घोड़े के खुर का
निशान था
चेहरा था गोल-मटोल, आँखें थीं घुच्ची
बदन कठमस्त था...

ऐसे आप अधेड़ संत गरीबदास पधारे
चमर टोली में...

'अरे भगाओ इस बालक को
होगा यह भारी उत्पाती
जुलुम मिटाएँगे धरती से
इसके साथी और संघाती
'यह उन सबका लीडर होगा
नाम छपेगा अखबारों में
बड़े-बड़े मिलने आएँगे
लद-लदकर मोटर-कारों में

'खान खोदने वाले सौ-सौ
मजदूरों के बीच पलेगा
युग की आँचों में फ़ौलादी
साँचे-सा यह वहीं ढलेगा

'इसे भेज दो झरिया-फरिया
माँ भी शिशु के साथ रहेगी
बतला देना, अपना असली
नाम-पता कुछ नहीं कहेगी

'आज भगाओ, अभी भगाओ
तुम लोगों को मोह न घेरे
होशियार, इस शिशु के पीछे
लगा रहे हैं गीदड़ फेरे

'बड़े-बड़े इन भूमिधरों को
यदि इसका कुछ पता चल गया
दीन-हीन छोटे लोगों को
समझो फिर दुर्भाग्य छल गया

'जनबल धनबल सभी जुटेगा
हथियारों की कमी न होगी
लेकिन अपने लेखे इसको
हर्ष न होगा, गमी न होगी

'सब के दुख में दुखी रहेगा
सबके सुख में सुख मानेगा
समझ-बूझकर ही समता का

असली मुद्दा पहचानेगा
'अरे देखना इसके डर से
थर-थर काँपेंगे हत्यारे
चोर-उचक्के-गुंडे-डाकू
सभी फिरेंगे मारे-मारे

'इसकी अपनी पार्टी होगी
इसका अपना ही दल होगा
अजी देखना, इसके लेखे
जंगल में ही मंगल होगा

'श्याम सलोना यह अछूत शिशु
हम सबका उद्धार करेगा
आज यही सम्पूर्ण क्रांति का
बेड़ा सचमुच पार करेगा

'हिंसा और अहिंसा दोनों
बहनें इसको प्यार करेंगी
इसके आगे आपस में वे
कभी नहीं तकरार करेंगी...'

इतना कहकर उस बाबा ने
दस-दस के छः नोट निकाले
बस, फिर, उसके होंठों पर थे
अपनी उँगलियों के ताले

फिर तो उस बाबा की आँखें
बार-बार गीली हो आईं
साफ सिलेटी हृदय-गगन में
जाने कैसी सुधियाँ छाईं

नव शिशु का सिर सूँघ रहा था
विह्वल होकर बार-बार वो
साँस खींचता था रह-रहकर
गुमसुम-सा था लगातार वो
पाँच महीने होने आए
हत्याकांड मचा था कैसा !
प्रबल वर्ग ने निम्न वर्ग पर

पहले नहीं किया था ऐसा !

देख रहा था नवजातक के
दाएँ कर की नरम हथेली
सोच रहा था—इस गरीब ने
सूक्ष्म-रूप में विपदा झेली

आड़ी-तिरछी रेखाओं में
हथियारों के ही निशान हैं
खुखरी है, बम है, असि भी है
गंडासा-भाला प्रधान हैं

दिल ने कहा—दलित माओं के
सब बच्चे अब बागी होंगे
अग्निपुत्र होंगे वे, अन्तिम
विप्लव में सहभागी होंगे
दिल ने कहा—अरे यह बच्चा
सचमुच अवतारी वराह है
इसकी भावी लीलाओं का
सारी धरती चरागाह है

दिल ने कहा—अरे हम तो बस
पिटते आए, रोते आए !
बकरी के खुर जितना पानी
उसमें सौ-सौ गोते खाए !

दिल ने कहा—अरे यह बालक
निम्न वर्ग का नायक होगा
नई ऋचाओं का निर्माता
नये वेद का गायक होगा
होंगे इसके सौ सहयोद्धा
लाख-लाख जन अनुचर होंगे
होगा कर्म-वचन का पक्का
फ़ोटो इसके घर-घर होंगे

दिल ने कहा—अरे इस शिशु को
दुनिया-भर में कीर्ति मिलेगी
इस कलुए की तदबीरों से
शोषण की बुनियाद हिलेगी

दिल ने कहा—अभी जो भी शिशु
इस बस्ती में पैदा होंगे
सब के सब सूरमा बनेंगे
सब के सब ही शैदा होंगे

दस दिन वाले श्याम सलोने
शिशु मुख की यह छटा निराली
दिल ने कहा—भला क्या देखें
नजरें गीली पलकों वाली
थाम लिये विह्वल बाबा ने
अभिनव लघु मानव के मृदु पग
पाकर इनके परस जादुई
भूमि अकंटक होगी लगभग
बिजली की फूर्ती से बाबा
उठा वहाँ से, बाहर आया
वह था मानो पीछे-पीछे
आगे थी भास्वर शिशु-छाया

लौटा नहीं कुटी में बाबा
नदी किनारे निकल गया था
लेकिन इन दोनों को तो अब
लगता सब कुछ नया-नया था

तीन

'सुनते हो' बोला खदेरन
'बुद्धू भाई देर नहीं करनी है इसमें
चलो, कहीं, बच्चे को रख आवें...
बतला गये हैं अभी-अभी
गुरु महाराज,
बच्चे को माँ-सहित हटा देना है कहीं
फौरन बुद्धू भाई !'...
बुद्धू ने अपना माथा हिलाया
खदेरन की बात पर
एक नहीं, तीन बार !
बोला मगर एक शब्द नहीं
व्याप रही थी गंभीरता चेहरे पर
था भी तो वही उम्र में बड़ा
(सत्तर से कम का तो भला क्या रहा होगा !)
'तो चलो !

उठो फौरन उठो !
शाम की गाड़ी से निकल चलेंगे
मालूम नहीं होगा किसी को...
लौटने में तीन-चार रोज तो लग ही जाएँगे...

'बुद्धू भाई तुम तो अपने घर जाओ
खाओ, पियो, आराम कर लो
रात में गाड़ी के अन्दर जागना ही तो पड़ेगा...
रास्ते के लिए थोड़ा चना-चबेना जुटा लेना
मैं इत्ते में करता हूँ तैयार
समझा-बुझाकर
सुखिया और उसकी सास को...'

बुद्धू ने पूछा, धरती टेककर
उठते-उठते–
'झरिया, गिरिडीह, बोकारो
कहाँ रखोगे छोकरे को ?
वहीं न ? जहाँ, अपनी बिरादरी के
कुली-मजूर होंगे सौ-पचास ?
चार-छै महीने बाद ही
कोई काम पकड़ लेगी सुखिया भी...'
और, फिर अपने आप से
धीमी आवाज में कहने लगा बुद्धू
छोकरे की बदनसीबी तो देखो
माँ के पेट में था तभी इसका बाप भी
झोंक दिया गया उसी आग में...
बेचारी सुखिया जैसे-तैसे पाल ही लेगी इसको
मैं तो इसे साल-साल देख आया करूँगा
जब तक है चलने-फिरने की ताकत चोले में...
तो क्या आगे भी इस कलुए के लिए
भेजते रहेंगे खर्ची गुरु महाराज ?...

बढ़ आया बुद्धू अपने छप्पर की तरफ
नाचते रहे लेकिन माथे के अन्दर
गुरु महाराज के मुँह से निकले हुए
हथियारों के नाम और आकार-प्रकार
खुखरी, भाला, गंडासा, बम, तलवार...
तलवार, बम, गंडासा, भाला, खुखरी...

[3-10-77 से 12-10-77]